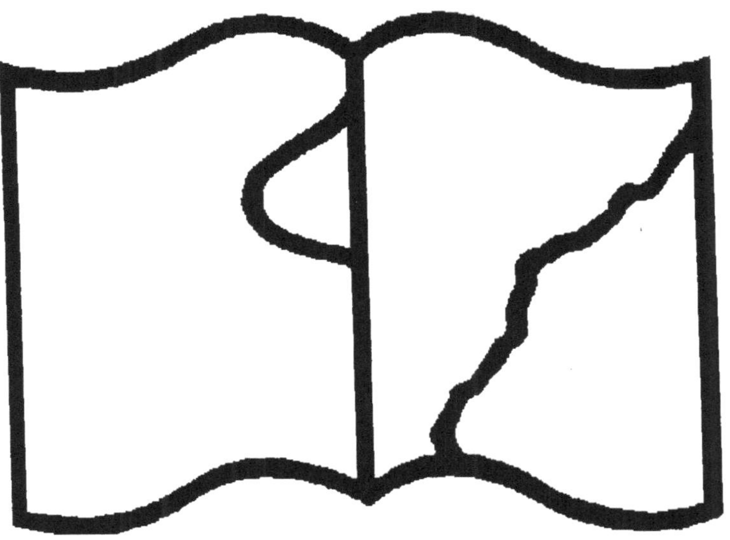

Texte détérioré - reliure défectueuse

NF Z 43-120-11

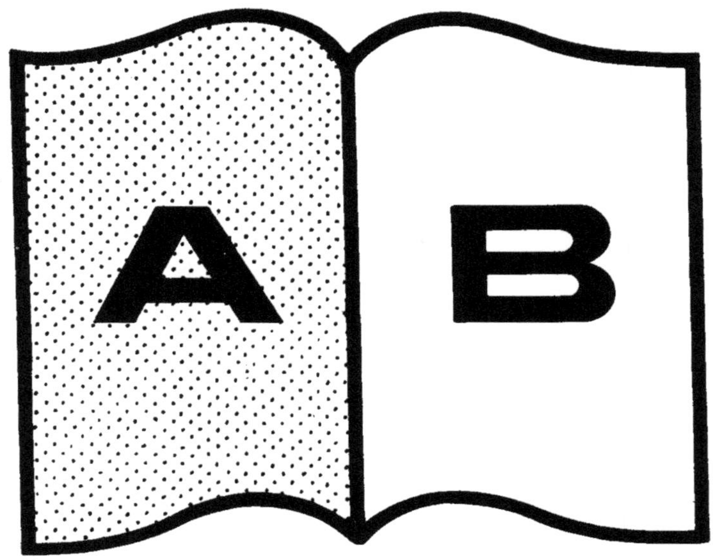

Contraste insuffisant

NF Z 43-120-14

HISTOIRE INTÉRIEURE

DE ROME

JUSQU'A LA BATAILLE D'ACTIUM

TIRÉE DES ROEMISCHE ALTERTHÜMER

DE

L. LANGE

PAR

A. BERTHELOT ET DIDIER

PARIS

ERNEST LEROUX, ÉDITEUR

28, Rue Bonaparte, 28

1885

FASCICULE N° 9

Souscription à l'ouvrage complet, 2 forts volumes : **20** fr.

LIVRE QUATRIÈME

LA DISSOLUTION DE LA RÉPUBLIQUE

CHAPITRE PREMIER

TI. SEMPRONIUS GRACCHUS

Les transformations de l'état social, les factions qui étaient nées au sein de la noblesse après la deuxième guerre punique, devaient conduire à la ruine du régime aristocratique, par conséquent amener la chute de la constitution républicaine dont l'existence était liée à celle de la noblesse. Mais la solide organisation de la constitution, et les instincts conservateurs de la majorité aussi bien chez le peuple que chez la noblesse, devaient retarder le succès de la révolution. Elle n'aboutit qu'à la suite d'attaques réitérées contre la domination des nobles; il fallut pour la faire triompher l'action incessante des factions rivales qui finirent par provoquer de désastreuses guerres civiles.

Ti. Sempronius Gracchus[1] livra le premier assaut: il était l'aîné des fils de Ti. Sempronius Gracchus, censeur en 169; sa mère était l'illustre Cornélie, la fille du premier Africain. Il était encore jeune quand il perdit son père, alors il accompagna son beau-frère P. Cornelius Scipion Emilien dans sa campagne d'Afrique; un des premiers il monta à l'assaut de Carthage; il fut ensuite le collègue de son beau-père, Appius Claudius Pulcher, dans le collège des augures[2]; grâce à ses relations avec ces deux grands personnages, il put se faire sur la situation de l'État une idée tout à fait indépendante de la manière de voir qui dominait dans le parti des *optimates*.

---

[1]) Plut., *Ti. Gr.*, 1 et seq. App., *b. c.*, 1, 9. Diod., 34, 24. Dio C., fr. 83 B. Liv., *ep.*, 58. Flor., 3, 14. Oros., 5, 8. [Aur. Vict] *Vir. ill.*, 64.

[2]) Plut., *Ti. Gr.*, 4.

Sa popularité date de sa questure auprès du consul C. Hostilius Mancinus (137)[1]. On lui fit honneur de ce qu'il y avait d'honorable dans le honteux traité signé avec les Numantins, on lui attribua surtout le mérite d'avoir sauvé l'armée[2]. Le traité fut rejeté : c'est à ce sujet que Ti. rompit avec le parti des optimates[3] ; il s'éloigna de Scipion Emilien qu'il trouvait trop modéré[4] ; A. Claudius Pulcher, politique passionné[5] et partisan des solutions radicales, eut toutes ses sympathies..

Dans le cercle des hommes d'État auquel appartenait Gracchus, on avait constaté depuis longtemps que le peuple, sur lequel reposait la constitution de l'État, était bien différent du peuple primitif, en vue duquel on avait réglé les institutions politiques de Rome. A la tête de la première classe de Servius s'était formée une caste de capitalistes ; ils s'entendaient avec les nobles, et exploitaient l'état au mieux de leurs intérêts. En bas, dans la sixième classe, le nombre des prolétaires et des affranchis s'était considérablement augmenté ; il s'était formé là une tourbe, qui parfois servait le parti de la noblesse, mais le plus souvent s'attachait aux démagogues ambitieux rejetés par les optimates. Restaient les cinq autres classes : elles comprenaient les paysans libres, parmi lesquels s'était recrutée l'armée romaine, qui avaient soutenu l'État, dans les périodes de crise, par le *tributum* devenu depuis inutile ; c'était pour eux qu'avaient été institués les comices par centurie et par tribu ; or, les citoyens qui les composaient avaient diminué dans des proportions très inquiétantes, et de plus, comme les citoyens des colonies et des villes libres, ils s'appauvrissaient de jour en jour[6].

Les causes de cet appauvrissement doivent être cherchées dans les changements sociaux qu'avait produits l'extension de la conquête, et aussi dans la politique des nobles à l'égard des simples citoyens et des sujets.

[1] Plut., *Ti. Gr.*, 5 et seq.
[2] Plut., *Ti. Gr.*, 7.
[3] Cic., *Brut.*, 27, 103. *Har. resp.*, 20, 43. Vell., 2, 2. Dio C., f.. 83 B. Flor., 3, 14. Quintil., 7, 4, 13. Oros., 5, 18.
[4] Plut., *Ti. Gr.*, 7.
[5] Cic., *Brut.*, 28, 108.
[6] App., *b. c.*, 1, 7. 9. Plut., *Ti. Gr.*, 8 et seq.

Les riches, possesseurs de l'*Ager publicus*, avaient été portés de tout temps vers la grande exploitation agricole ; avec leurs capitaux, qui s'augmentaient rapidement, ils achetaient des terres. Le Romain n'estimait que la fortune foncière, il méprisait même le commerce et l'industrie. Or on put acheter très facilement des biens fonciers [1], au second siècle, après la deuxième guerre punique, qui avait ruiné les paysans de l'Italie [2]. Certains n'avaient pas honte d'employer des moyens coupables pour étendre leurs propriétés : ils profitaient de l'absence des paysans retenus par le service militaire pour mettre la main sur leurs fermes [3]. La noblesse avait essayé, pendant quelque temps, de lutter contre la disparition des petites propriétés, en faisant des assignations, en fondant des colonies ; mais les petites propriétés ainsi constituées avaient bientôt le sort des autres ; elles étaient ruinées du reste par la concurrence des *latifundia*, leur rendement devenait de moins en moins productif [4]. En effet, les grandes propriétés étaient exploitées par des esclaves ; on les préférait aux hommes libres, parce qu'ils n'étaient pas tenus au service militaire ; leur travail était d'autant plus économique qu'on les employait en plus grand nombre, et qu'on les entretenait fort mal. Ainsi pas de concurrence possible entre les grands propriétaires et les petits cultivateurs ; il était même plus avantageux pour ces derniers d'acheter le blé que de le produire. A la fin du VIᵉ siècle on ne pouvait plus guère citer d'exploitation de ce genre donnant des bénéfices, témoin ce fait de C. Furius Chresimus, qui fut accusé de magie par l'édile Sp. Postumius Albinus, parce qu'il faisait plus produire sur ses terres que ses voisins [5].

Malgré la loi Licinia, qui avait cherché à empêcher l'emploi des esclaves pour la culture, le nombre de ces derniers s'était augmenté d'une manière effrayante pendant la période précédente. Après la conquête de Sardaigne par le consul Ti. Sem-

---

[1]) App., *b. c.*, 1, 7. Plut., *Ti. Gr.*, 8.
[2]) Liv., 31, 13.
[3]) Sall., *Jug.*, 41. App., *b. c.*, 1, 7. 18.
[4]) Pline., *n. h.*, 18, 6, 35.
[5]) Pline., *n. h.*, 18, 6, 41 et seq.

pronius Gracchus en 238 [1], on vendit tellement d'esclaves que l'expression *sardi venales* devint proverbiale [2]. On en fit venir aussi de la Gaule cisalpine en si grand nombre que Rome se crut obligée d'en interdire le commerce avec ce pays, parce qu'il faisait passer trop d'argent entre les mains des Gaulois, ennemis de la république, 229 [3]. Après la seconde guerre punique on en tira d'Afrique; bientôt après les campagnes de Ligurie furent de véritables chasses aux esclaves, on en acheta aussi en Grèce, sur le marché de Délos. Les esclaves devinrent si nombreux en Italie qu'ils purent se révolter; il y eut des conspirations sérieuses organisées par eux à Rome et sur différents points de l'Italie en 217 [4], 198 [5], 196 [6], 185 [7]; on fit une loi, *lex fabia de plagiariis*, 183 [8], pour défendre de s'approprier les esclaves fugitifs; enfin, pour punir les esclaves rebelles, on imagina des espèces de pénitenciers (*ergastula*) qui furent d'abord organisés en Sicile, puis dans toute l'Italie. Dans ces établissements on forçait les malheureux à travailler aux champs avec les menottes et les fers aux pieds [9].

L'introduction des esclaves dans les travaux agricoles amena une autre conséquence pour le paysan libre : chassé de sa demeure et de son domaine, il ne put trouver à s'employer comme mercenaire au service des possesseurs de latifundia. Il ne lui resta plus que deux ressources : s'enrôler, ou venir à Rome grossir la masse du peuple. Dans les camps le paysan redevint barbare, à Rome il s'abandonna à la paresse, et s'habitua à compter sur la générosité de l'État et des nobles ;

---

[1]) Liv., 41, 28, 8.
[2]) Fest., p. 322; Aur. Vict. s'est trompé, *Vir. ill.*, 57.
[3]) Zon., 8, 19.
[4]) Liv., 22, 33. Zon., 9, 1.
[5]) Liv., 32, 26. *ep.*, 32. Zon., 9, 16.
[6]) Liv., 33, 36.
[7]) Liv., 39, 29. 41.
[8]) C'est une loi criminelle antérieure à l'établissement de la première *quæstio perpetua* qui est de 149; il est très probable qu'elle était une loi consulaire, et avait été présentée par le consul de 183, Q. Fabius Labeo, dont il a été question plus haut. [N. D. T.]
[9]) Plaut., *Most.*, 17. Ter., *Phorm.*, 249. Plut., *Ti. Gr.*, 8. Liv., *ep.*, 56. Pline., *n. h.*, 18, 3, 21. 18, 6, 36. Colum. 1, 8., 11, 1.

dans les deux cas il perdit le goût des travaux agricoles.
Cependant il aurait fallu faire revivre ce goût pour ramener
le peuple aux saines traditions des premiers temps ; il n'eût
pas suffi de faire toujours de nouvelles assignations, quand
même on l'aurait pu. Ces conséquences désastreuses pour
l'agriculture, produites par l'introduction des esclaves dans
le travail des champs, avaient échappé à Caton lui-même ; il
croyait pouvoir faire revivre les anciennes mœurs par la
sévérité des censeurs ; comme tous les autres, il employait
des esclaves sur ses terres, et s'appliquait à en tirer le plus
de travail possible[1].

Un autre fait prouva bientôt qu'il fallait perdre tout espoir
de voir refleurir la petite culture : les possesseurs de *latifundia* eux-mêmes durent avouer qu'ils ne pouvaient plus
soutenir la concurrence avec les provinces. Déjà avant la
deuxième guerre punique Rome avait reçu avec reconnaissance un grand chargement de blé envoyé par Hiéron de
Syracuse. Pendant la guerre contre Annibal l'Italie s'habitua
à recevoir des blés étrangers[2] ; vers le milieu de cette guerre,
au moment où l'Italie était complètement ravagée, le médimne de blé de Sicile monta à 15 drachmes ; alors le sénat
envoya une ambassade en Égypte pour acheter du blé[3]. Après
la victoire le blé continua à affluer en Italie, et tomba à des
prix dérisoires[4]. Plus tard, pendant les guerres de Macédoine
et de Syrie, Carthage et Masinissa[5], la Sicile et la Sardaigne
envoyèrent à Rome des chargements considérables[6]. Les provinces s'habituèrent ainsi à diriger vers l'Italie l'excédent de
leurs récoltes. La Sicile devint le grenier de Rome (*cella
penaria*) ; d'abord elle n'avait pas été ravagée pendant la guerre
d'Annibal, ensuite les gouverneurs avaient protégé son agriculture et en avaient assuré le développement ; enfin la Sicile
avait employé la première des troupeaux d'esclaves[7], pour les

<hr>

[1] Plut., *Cat. maj*, 4. 5. 21. Cat., *de Re rust.*, 1, 5. 10. 11. 56. 57.
[2] Liv., 22, 37. 23, 32.
[3] Polyb., 9, 44.
[4] Liv., 29, 36. 30, 26. 38.
[5] Liv., 31, 19. 32, 27. 36, 4.
[6] Liv., 36, 2. 37, 2. 50.
[7] Diod., 34, 2-20. Liv., ep., 56. Flor., 3, 19. I. L. A., 154.

travaux agricoles, et tout le monde sait avec quelle cruauté on les traitait, puisqu'ils étaient obligés de recourir au vol pour se nourrir, et cela sous les yeux des gouverneurs qui soutenaient les propriétaires romains. Caton ne comprit pas non plus les conséquences ruineuses pour l'Italie de la protection accordée à l'agriculture en Sicile

Pour assurer au peuple de Rome du blé à bas prix, on eut recours à une mesure malheureuse, dont l'influence fut bien mal comprise : on décida que tous les blés de Sicile seraient retenus pour l'usage des Romains. Nous en avons la preuve dans ce fait que les Rhodiens, en 169, eurent besoin d'une autorisation spéciale pour tirer de la Sicile 100,000 médimnes[1]. Il est évident qu'une pareille mesure eut pour résultat de faire tomber le blé à des prix ridicules. La même préoccupation explique pourquoi on exerçait une surveillance si étroite sur le commerce des blés, et pourquoi on poursuivait les marchands comme usuriers et on les punisssait quand par hasard (ex. en 159) le blé se vendait plus cher[2]. Au temps de Polybe[3] on était arrivé à assurer un bon marché inouï, complètement inconnu dans les siècles précédents[4]. Mais il ne faut pas croire que c'était la preuve d'une bonne situation agricole, c'était plutôt la preuve du contraire. Quand le blé se vendait quatre oboles le médimne en Sicile, l'orge deux oboles, la culture du blé et de l'orge en Sicile ne pouvait pas donner de bénéfices[5]. Telle était la situation; les petits moyens imaginés par le sénat, comme la traduction des 28 livres de Magon sur l'agriculture[6], ne devaient pas avoir grande influence. La culture fit place aux pâturages; Caton reconnaissait déjà qu'ils donnaient de meilleurs bénéfices[7].

Ce fut au retour de Numance, en traversant l'Etrurie, que Ti. Gracchus put constater de ses propres yeux, la dépopulation

[1]) Polyb., 28, 2 ; cf. Strab., 6, 2, 7.
[2]) Liv., 38, 35.
[3]) Polyb., 2, 15.
[4]) Plin., *n. h.*, 18, 3, 15-17.
[5]) Cf. Plin., *n. h.*, 18, 3, 21.
[6]) Plin., *n. h.*, 18, 3, 22.
[7]) Plin., *n. h.*, 18, 5, 29.

et la ruine de l'Italie. Son frère nous dit que la vue des
esclaves employés à la culture ou à la garde des troupeaux
avait fait sur lui la plus grande impression; il prit aussitôt la
résolution de se consacrer tout entier au relèvement de l'agriculture libre[1]. Voilà pourquoi il brigua le tribunat pour l'année
133. Il espérait bien que les citoyens pauvres, les citoyens
ruinés seraient tous pour lui. Comptant aussi sur les sentiments généreux qui se trouvent chez tous les hommes, comme
le lui répétaient dans leurs entretiens philosophiques Blossius
de Cumes et le rhéteur Diophane de Mitylène[2], il espérait que
le sénat, entraîné par le courant populaire, le suivrait, et se
laisserait convaincre quand il verrait le peuple uni pour
demander l'amélioration de son sort. Quelques sénateurs, les
plus illustres, étaient déjà d'accord avec lui sur le principe
des réformes : son beau-frère Appius Claudius Pulcher, prince
du sénat[3]; Scipion Emilien alors absent de Rome; C. Lælius,
qui, en 145, avait voulu proposer une loi agraire[4]; le juris-
consulte P. Mucius Scevola, désigné pour le consulat de 133[5];
et enfin le frère de Scévola, très influent à cause de sa fortune,
de son éloquence et de sa haute science juridique, le grand
pontife P. Licinius Crassus Mucianus[6].

Enfin pour dessiller les yeux des nobles[7], Gracchus espérait
donner comme exemple et comme preuve de la nécessité d'une
réforme, l'odieuse guerre que les esclaves de Sicile avaient
suscitée en 143. Sous la direction du roi Eunus et de ses
lieutenants Achæos et Cléon, les révoltés tenaient en échec
les armées romaines; les préteurs, notamment L. Plautius
Hypsæus et ses successeurs, n'avaient pu les vaincre[8]. Au

---

[1] Plut., *Ti. Gr.*, 8.
[2] Plut., *Ti. Gr.*, 8. 17. cf. Cic., *Brut.*, 27, 104. *Læl.*, 11, 37. Val.
Max., 4, 7, 1.
[3] Plut., *Ti. Gr.*, 9.
[4] Voir plus haut, tome I.
[5] Cic., *De Orat.*, 2, 70, 285.
[6] Cic., *Acad. pr.*, 2, 5, 13. *de Rep.*, 1, 19, 31. Plut., *Ti. Gr.*, 9. Cic.,
Phil., 11, 8, 18. *Brut.*, 26, 98. *de Orat.*, 1, 37, 170. 50, 216. 56, 239. Dig.,
1, 2, 2, 40. Gell., 1, 13, 10.
[7] Flor., 3, 14. App., *b. c.*, 1, 9.
[8] Liv., *ep.*, 56. Oros., 5, 6. Flor., 3, 19. Diodor., 34, 2 et *Hist. græc.*,
fr. vol. II, p. xx.

moment ou Gracchus demandait le tribunat, le consul C. Fulvius Flaccus se disposait à partir pour la Sicile; or ni Flaccus, ni le consul de l'année suivante, L. Calpurnius Piso Frugi[1], ne purent réussir, ce fut seulement le consul de 132, P. Rupilius, qui mit fin à la guerre[2]. Cette guerre était un avertissement sérieux, on pouvait en tirer d'utiles leçons, d'autant plus que des mouvements semblables éclatèrent partout, non seulement à Délos et en Attique[3], mais sur divers points de l'Italie : il fallut emprisonner des milliers d'esclaves[4] à Sinuessa, à Minturnes, à Rome même[5].

Pour combattre la crise sociale, un moyen était tout indiqué par l'histoire des anciennes luttes intérieures : il fallait faire une nouvelle loi agraire. Aussitôt que Gracchus eut pris possession du tribunat, le 10 décembre 134, il rédigea, de concert avec des jurisconsultes ses amis, la loi *Sempronia agraria*, dans un esprit de grande modération, afin de respecter autant que possible les intérêts des grands propriétaires fonciers. Avec de plus grands développements et quelques changements rendus nécessaires par les circonstances, c'était la reproduction de la loi *Licinia de modo agrorum* de 367. La loi Licinia avait apaisé la crise sociale produite par la lutte des partis; en réalité elle répondait assez bien aux vues de la noblesse d'alors et des générations suivantes, qui se préoccupait beaucoup du bien-être des paysans. Aussi la loi Licinia n'avait pas été abrogée[6], mais on pouvait la tourner, et de fait elle n'avait jamais été respectée par les propriétaires de latifundia[7]. Du reste, elle ne spécifiait pas qu'il serait fait de nouvelles assignations de petite étendue, seul remède possible pour relever l'agriculture.

La loi Licinia avait défendu de posséder plus de 500 jugères

---

[1]) Val. Max., 2, 7, 9. 4, 3, 10. [Front] *Strat.*, 4, 1, 26. 1. L. A., p. 189.
[2]) Liv., *ep.* 58. 59. Oros., 5, 9. Cic., *in Verr. accus.*, 2, 13, 32. 16, 35. 37, 90. 3, 54, 125. 4, 50, 112. Ps. Ascon., 106, 212. Val. Max., 2, 7, 3. 6, 9. 8. 9, 12, ext. 1. Diod., 34, 2.
[3]) Diod., 34, 2. Oros., 5, 9.
[4]) Obseq., 27.
[5]) Oros., 5, 9.
[6]) Liv., 33, 42. 35, 10. Cat., *Orig.*, 5, 5.
[7]) App., *b. c.*, 1, 8. Plut., *Ti. Gr.*, 8.

d'ager publicus; la loi Sempronia apporta un sérieux changement, en décidant que les pères de famille ayant plusieurs fils pourraient conserver 1,000 jugères[1], sans doute pour assurer à chacun des fils, quand il y en avait deux, la possession de 500 jugères. La loi Licinia dépouillait les possesseurs d'ager publicus sans leur donner d'indemnité; Tibérius, pour les ménager[2], voulut tenir compte des améliorations apportées à l'ager publicus qui était possédé depuis longtemps, et avait plusieurs fois changé de main soit par vente, soit par héritage; il y en avait même qui avait été acquis sous condition onéreuse[3]; Ti. fit inscrire dans sa loi que l'on donnerait des indemnités proportionnelles prises dans le trésor[4], comme cela s'était fait quand l'Etat avait repris *l'ager campanus* en 166. On leur promit encore un autre dédommagement en assurant aux possesseurs la propriété complète et définitive de 500 ou de 1,000 jugères; on les exempta du *vectigal* auquel ils avaient été tenus jusque-là[5]. La loi Licinia ne précisait pas l'emploi que l'on devrait faire des parties de l'ager publicus rendues à l'État. La loi Sempronia décidait que l'on nommerait tous les ans dans l'assemblée du peuple (*concilia plebis*) trois magistrats[6], *tres viri agris dandis assignandis*[7], chargés de faire la répartition entre les citoyens pauvres[8], *viritim*[9], des terres reprises par l'État[10].

---

[1] App. *b. c.*, 1, 9. 11. Vell., 2, 6 ; cf. Liv. *ep.* 58. Aur. Vict., *Vir. ill.*, 64, *Ducenta* dans Sic. Flaccus, p. 136. (Lachmann) est certainement une altération.

[2] Cic., *Sest.*, 48, 103.

[3] App., *b. c.*, 1, 10.

[4] Plut., *Ti. Gr.*, 9.

[5] App., *b. c.*, 1, 7. 1, 27. Cic., *Brut.*, 36, 136. App., *b. c.*, 1, 11.

[6] Cic., *de Leg. Agr.*, 2, 12, 31. App., *b. c.*, 1, 9. Liv., *ep.* 58.

[7] Lex. inc. tab. Bant., 15. *rep.* 13. 16. 22. agr. 15. 1. L. A. p. 45, 58. 59. 80. Cette magistrature extraordinaire fut maintenue jusqu'en 118; il faut remarquer que les trois magistrats n'avaient pas le droit d'établir des colonies, où les désigne souvent ainsi : *tres viri lege Sempronia*. [N. D. T.]

[8] Cic., *de rep.*, 3, 29, 41. Vell., 2, 2. Il y a là une erreur; quand App., *b. c.*, 1, 10, parle de ἄποικοι et de πόλεις ἰσοπολιτίδες, il veut désigner des colonies romaines et des municipes.

[9] Festus, *ep.*, p. 373; cf. Sicc. Flaccus, p. 154. Varr., *de Re rust.*, 1, 10.

[10] Sic. Flaccus, p. 136.

Gracchus ne devait admettre à la répartition ni les Latins, ni les alliés; connaissant les sentiments qui dominaient alors à l'égard des Latins (voir plus haut, tome I) il aurait certainement rendu sa loi inacceptable pour l'assemblée du peuple, s'il avait eu la maladresse d'assimiler les Latins aux citoyens. Maintenant pour assurer le succès de la réforme, c'est-à-dire la création d'une classe de paysans propriétaires ne devant s'occuper que d'agriculture, Tibérius décida que les lots, (ils ne devaient pas excéder 30 jugères[1]), ne pourraient être vendus[2]. Pour sauvegarder les intérêts de l'État qui ne devait plus percevoir les vectigalia sur les terres laissées aux anciens *possessores*, le tribun voulut que les nouvelles assignations fussent tenues au *vectigal*[3]; il fut encore réservé que certains agri publici, comme *l'ager companus*, ne pourraient jamais être aliénés[4]. Enfin, en transigeant avec les *veteres possessores*[5], on déclarait implicitement que toute usurpation (*occupatio*) du domaine public était désormais interdite.

Fort de la pureté de ses intentions, exalté par la grandeur de l'œuvre dont il prenait la responsabilité, Ti. Gracchus déploya toute son éloquence[6] pour défendre son projet de loi. Il traça un tableau émouvant de la misère des Italiens ruinés, dit qu'ils étaient plus malheureux que les bêtes des forêts[7], fit appel au patriotisme des riches[8], montra les conséquences désastreuses que devait entraîner l'emploi exclusif des esclaves[9], laissa entrevoir l'impossibilité où allait se trouver l'État de défendre l'empire et de conserver les conquêtes[10]. Mais il s'était fait illusion sur le désintéressement des optimates; ils combattirent le projet de loi, qui, malgré toutes

---

[1]) *Lex. agr.*, 14. I. L. A. p. 80.
[2]) App., *b. c.*, 1, 10. 27.
[3]) Plut., *C. Gr.*, 9.
[4]) Cic., *de Leg. agr.*, 1, 7, 21. 2, 29, 81. *Lex. agr.* 6. 22. I. L. A. p. 79. 80. 91.
[5]) *Lex. agr.*, 13. 16. 17. 21. I. L. A. p. 80 ; cf. Cic., *ad Att.*, 1, 19, 4.
[6]) Cic., *de Or.*, 1, 9, 38. *de Inv.*, 1, 4, 5. *Brut.*, 27, 103 et seq., *Harus. resp.*, 19, 41.
[7]) Plut., *Ti. Gr.*, 9.
[8]) App., *b. c.*, 1, 11.
[9]) App., *b. c.*, 1, 9.
[10]) App., *b. c.*, 1, 11.

les précautions prises, atteignait leurs intérêts; ils représen-
tèrent que la loi menaçait d'affaiblir l'autorité des nobles et
produirait des divisions parmi les citoyens[1]. Des amis de
Gracchus, comme Q. Ælius Tubero, se séparèrent de lui et
le combattirent dans des assemblées populaires[2]. Mais tous
les jours arrivaient à Rome des citoyens habitant les municipes et les colonies[3], les partisans de Tiberius devenaient de
plus en plus nombreux, une majorité pour l'adoption de la
loi était assurée; alors les nobles ne pouvant pas compter sur
le peuple pour la faire rejeter, recoururent à l'opposition
(*intercessio*) d'un collègue de Ti. : ils gagnèrent le riche tribun
M. Octavius en flattant son ambition[4].

Le jour du vote M. Octavius fit opposition; après lui avoir
adressé de violents reproches, Ti. Gracchus congédia l'assemblée et remit le vote à un autre jour[5]. Pendant l'intervalle il
chercha à ramener Octavius. Quand il vit qu'il ne pourrait
désarmer ni Octavius ni les nobles, il transforma son projet de
loi[6], probablement en retirant la promesse d'indemnité pour les
possesseurs ; puis, comptant sur l'inviolabilité tribunitienne
il osa dépasser les limites que la loi imposait aux pouvoirs des
tribuns; il publia un édit interdisant à tous les autres magistrats l'exercice de leurs fonctions spéciales, tant que la loi
agraire ne serait pas votée. Pour en assurer l'exécution il me-
naça d'une amende les préteurs qui ne voulaient pas se soumettre, et scella le trésor dans le temple de Saturne : les
questeurs ne purent plus remplir leurs fonctions. Les optimates prirent le deuil, la ville fut partagée en deux camps
ennemis[7]. Au jour du vote nouvelle intercession d'Octavius,
qui paraît disposé à recourir à la force. Alors, sur le conseil
de certains personnages influents, surtout des consulaires
M. Manilius et Serv. Fulvius Flaccus, Tiberius songe au sénat,

[1]) Cic., *Sest.*, 48, 103.
[2]) Cic., *Lœl.*, 11, 37; *Brut.*, 31, 117.
[3]) App.. *b. c.*, 1, 10. Diod., 34, 25 et seq.
[4]) Dio C. fr., 83 B. Plut. *Ti. Gr.*, 10.
[5]) App., *b. c.*, 1, 12.
[6]) Plut., *Ti. Gr.*, 10.
[7]) Plut., *Ti. Gr.*, 10. Dio C. fr. 83 B.

il veut le faire juge du débat, et espère en obtenir un sénatus-consulte favorable[1]. Mais le sénat, se plaignant d'avoir été outragé par Ti. Gracchus, ne se montre pas disposé à rendre un pareil service ; alors Gracchus remet encore le vote à un autre jour : dans la prochaine assemblée on décidera d'abord si M. Octavius, qui a fait une opposition constante à la loi, doit conserver ses fonctions de tribun, on votera ensuite sur la proposition de loi agraire.

Pendant ce nouveau délai Gracchus employa tous les moyens pour gagner Octavius ; il lui offrit même de proposer au peuple de choisir entre Octavius et lui, puisque l'un des deux tribuns devait céder[2]. Octavius persista dans son opposition, il renouvela son intercession pour la troisième fois devant le peuple. Alors Tiberius demanda la déposition de son collègue[3]. Quand on connut le suffrage de la tribu *principium*, Gracchus renouvela ses instances auprès d'Octavius pour l'engager à retirer son intercession ; il recommença après que l'on eut annoncé les votes des 17 premières tribus[4] ; Octavius resta inflexible. Il est évident que Ti. ne se décida qu'à regret à demander la déposition d'un tribun ; il la jugeait illégale ; jusqu'à un certain point elle était même une viola-

[1]) App., *b. c.*, 1, 12. Plut., *Ti. Gr.*, 11.

[2]) Plut., *Ti. Gr.*, 11.

[3]) Cic., *de Nat. deor.*, 1, 38, 106.

[4]) Le vote de la tribu *principium* avait une grande importance. Comment était-elle désignée ? Madwig nie que l'on pocédât comme pour la *prærogativa* dans les comices par centurie ; il suppose que l'on considérait comme *principium* la tribu qui avait la première terminé le dépouillement de ses opérations et l'avait transmis au président. En effet les tribus étaient toutes appelées en même temps (*uno vocatu*, μιᾷ κλήσει, Dion., 7, 59. 64) à se rendre dans les endroits où elles devaient exprimer leurs suffrages. De cette manière toutes les tribus étaient obligées de voter (Cic., *de Leg. agr.* 2, 9, 22. 12, 31), et en fait elles votaient toutes (Asc., p. 81. Liv., 3, 63. 8, 37. 29, 13. 30, 27. 40. 43. 38, 54. 43, 8). Autrement si les tribus avaient exprimé leur suffrage successivement, on aurait pu arrêter les opérations quand la majorité aurait été assurée. C'est ce que Appien (*b. c.* 1, 12) et Plutarque (*Ti. Gr.*, 12) prétendent s'être produit dans le cas particulier de la déposition d'Octavius. Ils ont manifestement confondu la formalité de la *renuntiatio* des suffrages avec le vote lui-même. On pouvait interrompre la proclamation des votes. Tite-Live, 40, 42. 6, 38. 45, 36. Appien, *b. c.*, 14. Plut. *Æm.*, 31, citent plusieurs exemples. [N. D. T.]

tion de la *lex sacrata* [1]. C'était un acte révolutionnaire, duquel dépendait fatalement le succès de la loi [2]; une seule considération peut l'excuser, ou plutôt l'expliquer : Ti. Gracchus ne pouvait pas, comme autrefois C. Licinius Stolo et L. Sextius, compter sur une nouvelle élection qui lui permettrait de représenter la loi dans de meilleures conditions : aux termes de la loi un tribun ne pouvait être réélu qu'après un laps de temps déterminé [3].

M. Octavius fut remplacé par Q. Mummius [4], et la loi agraire fut votée par le peuple. Pour l'appliquer Ti. Gracchus se fit adjoindre son frère C. Gracchus et son beau-père Appius Claudius Pulcher; ils formèrent la magistrature des *Tresviri agris dandis assignandis* [5]. Il leur fallut demander une dispense des lois *Licinia* et *OEbutia*; vu l'opposition des nobles, le peuple crut que le soin d'appliquer la loi ne pouvait être confié à d'autres [6].

Le peuple, plein de reconnaissance, salua Gracchus le second fondateur de Rome [7]. Au contraire, le sénat, sur la proposition de P. Cornelius Scipion Nasica Serapion, le plus violent [8] et le plus obstiné des chefs de la noblesse, le sénat refusa à la commission agraire la dotation d'usage; il n'accorda aux commissaires, par dérision, qu'un denier et demi par jour [9], ce qui n'empêcha pas la commission de se mettre à l'œuvre. Ti. Gracchus et Appius Claudius P. n'attendirent pas pour cela le retour de C. Gracchus encore retenu à l'armée devant Numance [10]. Ils se heurtèrent bientôt à des difficultés très sérieuses : les possessions avaient souvent changé de

---

[1] Liv., *ep.*, 58. Vell., 2, 2. Ascon., p. 71. Cic. *Mil.*, 27, 72. Florus, 3, 14. Aur. Vict., *Vir. ill.*, 64. Orose, 5, 8. Diod., 34, 27. Dio C., 46, 49.

[2] Cic., *de Leg.*, 3, 10, 24. *Brut.*, 25, 95.

[3] 10 ans ou 9 ans, voir plus haut, tome I, page 279.

[4] App., *b. c.*, 1, 13. Mucius apud Plut., *Ti. Gr.*, 13. Minucius ap. Orose, 5, 8.

[5] Liv., *ep.* 58. App., *b.c.*, 1, 13. Plut., *Ti. Gr.*, 13. Vell., 2. 2. Flor., 3, 14.

[6] App., *b. c.*, 1, 13.

[7] App., *b. c.*, 1, 13.

[8] Cic., *Brut.*, 28, 107.

[9] Plut., *Ti. Gr.*, 13.

[10] Plut., *Ti. Gr.*, 13, mais il revint bientôt, Plut., *Ti. Gr.*, 20.

main, on y avait ajouté des propriétés *d'ager privatus*, et il était très difficile de retrouver les titres pour décider ce qui devait revenir à *l'ager publicus*, et ce qui était *ager privatus*[1]. D'après les précédents[2], c'étaient les consuls, ou d'autres personnages choisis dans le sénat qui devaient prononcer. Pour ne pas échouer contre cet écueil, Ti. Gracchus dut étendre la compétence des Tresviri par une nouvelle loi Sempronia agraria, la loi : *ut idem triumviri judicarent, quâ publicus ager, quâ privatus esset*[3]. Les Tresviri ajoutèrent à leur titre celui de juges : « *Tresviri agris judicandis dandis*[4]. »

Cependant Ti. Gracchus ne pouvait pas opérer assez vite la répartition des terres pour satisfaire l'impatience des citoyens qui attendaient des assignations. Pour maintenir sa popularité, déjà affaiblie par le départ des citoyens qui avaient regagné les colonies et les municipes[5], il fit une proposition concernant les trésors d'Attale, légués au peuple romain par testament avec tous ses autres biens[6]. La *Rogatio Sempronia de pecuniâ Attali populo dividenda* portait que l'argent d'Attale serait partagé entre les citoyens dotés d'assignations ; les pauvres recevraient ainsi une donation supplémentaire, qui leur permettrait de faire les frais de premier établissement[7]. A ce sujet Ti. Gracchus affirma hautement la souveraineté du peuple ; il prétendit même que le sénat devait renoncer au privilège, incontesté jusqu'alors, d'examiner les questions de politique extérieure, et que, dans le cas particulier, le peuple, et non plus le sénat, devait prononcer sur le sort des villes du royaume asiatique[8]. La nouvelle prétention de Gracchus irrita au plus haut point le sénat. P. Cornelius Scipion Nasica Serapion combattit la proposition ; Q. Pompeius promit de mettre

---

[1] App., *b. c.*, 1, 18.
[2] Cf. Liv., 42, 1. 8. 9. 19.
[3] Liv., *ep.* 58.
[4] I. L. A., p. 156. 167 ; cf. Plut., *Ti. Gr.*, 13.
[5] App., *b. c.*, 1, 13.
[6] Vell., 2, 4. Strab., 13, 4, 2. App. *Mithr.*, 62, *b. c.*, 5, 4. Flor., 2, 20. Sall., *Hist. Fr.*, 4, 61, 8 D.
[7] Liv., *ep.* 58. Plut., *Ti. Gr.*, 14. Oros., 5, 8. Aur. Vict., *Vir. ill.*, 64 ; cf. Flor., 3, 15.
[8] Plut., *Ti. Gr.*, 14. cf. Val. Max., 3, 2, 17.

Gracchus en accusation, quand il serait sorti de charge[1]. Il ajouta que l'ambassadeur chargé d'apporter à Rome le testa-ment, avait remis à Ti. Gracchus le diadème et la pourpre d'Attale[2]; T. Gracchus était ainsi désigné comme futur roi de Rome. Q. Cæcilius Metellus Macedonicus, le consul de 143, parla aussi contre Gracchus[3], et dénonça des réunions noc-turnes qui se tenaient chez lui[4]. Dans une séance du sénat T. Annius Luscus reprocha à Ti. la déposition d'Octavius, et offrit de prouver, dans la forme ordinaire de la *Sponsio*, que le tribun avait violé la *sacrosancta potestas tribunicia*. Gracchus répondit en menaçant le sénateur consulaire d'une accusation devant le peuple; mais Luscus réunit une assemblée, et là demanda à Ti. ce qu'il ferait dans le cas où le concours d'un tribun viendrait à lui manquer, ferait-il encore déposer son collègue? Cette question déconcerta l'auteur de la loi agraire[5].

Ti. comprit aussitôt que, malgrés on innocence, on allait le perdre en lui faisant un procès de haute trahison (*perduellio*) pour *affectatio regni*[6]; on avait agi ainsi à l'égard de Sp. Cas-sius Viscellinus, le premier auteur d'une loi agraire. Ti. se crut alors obligé de demander un second tribunat[7]; il fut per-suadé que son œuvre serait assurée, s'il réussissait à se faire nommer tribun avec son frère, et à faire nommer consul son beau père Appius Claudius Pulcher[8]. C'était contraire à la loi, mais la réunion du tribunat, du consulat et du triumvirat sur ces trois personnages, devait avoir pour résultat de vaincre l'op-position de la noblesse, et les difficultés que présentait l'exé-cution de la loi agraire. Naturellement la noblesse mit tout en œuvre pour faire échouer ce plan; elle voulut y trouver une nouvelle preuve des aspirations de Ti. Gracchus à la tyran-

---

[1]) Oros. 5, 8; cf. App. *b. c.*, 1, 13.
[2]) Plut., *Ti. Gr.*, 15.
[3]) Cic., *Brut.*, 21, 81.
[4]) Plut., *Ti. Gr.*, 14.
[5]) Plut., *Ti. Gr.*, 14. Liv., *ep.* 58. Fest. p. 314. Cic., *Brut.*, 20, 79.
[6]) Cf. Cic., *Læl.*, 12, 41; *de Rep.*, 2, 27, 49. Plut., *Ti. Gr.*, 17.
[7]) Liv., *ep.* 58. App., *b. c.*, 1, 14. Flor., 3, 14. Plut. *Ti. Gr.*, 16. Aur., Vict., *Vir. ill.*, 64. Oros, 5, 9. Schol. Ambros., p. 370. Cic. *Cat.*, 4, 2, 4.
[8]) Dio C., f., 83 B.

nie[1], et chercha à faire élire les ennemis du tribun[2]. Gracchus déploya aussi toutes ses ressources : un de ses partisans étant mort subitement d'une façon mystérieuse, il en profita pour faire croire que sa vie était menacée ; il prit le deuil et supplia le peuple, dans une assemblée (*contio*), de prendre soin de ses enfants menacés de perdre leur père[3]. Il ne parut plus en public qu'avec une escorte de 3 à 4,000 partisans[4]. Cependant les reproches qu'on lui avait adressés au sujet de la déposition d'Octavius avaient produit une impression fâcheuse, même dans le peuple ; pour reconquérir sa popularité, il prononça un discours dans lequel il déclara n'avoir jamais eu en vue que le bien du peuple, et affirma qu'il s'en rapportait et s'en rapporterait toujours à sa décision ; il revint sur le principe de la souveraineté populaire qu'il voulait voir s'exercer dans les comices[5]. Il ne se contenta pas de demander que le pouvoir passât du sénat au peuple[6], il développa un vaste programme de réformes au moyen desquelles il devait, pendant son second tribunat, assurer le bonheur du peuple, et ruiner l'influence du sénat. Il devait proposer une *lex militaris* pour diminuer la durée du service, et rendre ainsi les enrôlements plus faciles ; une *lex judiciaria*, portant que les chevaliers seraient inscrits sur l'album des juges ; peut-être aussi une *lex de provocatione*, pour assurer et étendre le droit d'appel[7] ; mais il n'est pas vraisemblable qu'il ait songé à proposer une *lex de civitate sociis danda*[8] ; une pareille proposition eût fort peu flatté les citoyens de Rome.

La noblesse eut cet avantage que le jour des comices électoraux tomba à l'époque de la récolte, un certain nombre des partisans de Gracchus ne purent venir ni des municipes ni

---

1) Cf. Cic., *Cat.*, 4, 2, 4.
2) App., *b. c.*, 1, 14.
3) Plut., *Ti. Gr.*, 13 ; cf. App., *b. c.*, 1, 14.
4) Gell., 2, 13.
5) Plut., *Ti. Gr.*, 15.
6) Val. Max., 3, 2, 17.
7) Plut., *Ti. Gr.*, 16. Dio C., fr. 83 B. cf. Macrob., *Sat.*, 3, 14, 6. (= 2, 10).
8) Vell., 2, 2.

des colonies[1]. Que se passa-t-il dans les comices ? Il n'est pas même certain que l'on ait voté[2] ou du moins on ne proclama pas le résultat du vote qui paraissait favorable à Gracchus[3]. Ce dernier avait négligé de se faire autoriser à briguer un second tribunat; or les lois qui le défendaient étaient encore en vigueur; des adversaires attaquèrent l'élection en prétendant qu'aucune voix ne pouvait être attribuée à Ti. Gracchus. Le tribun Rubrius qui présidait se trouva très embarrassé, et voulut céder la présidence à Mummius; mais les autres tribuns s'y opposèrent, en disant qu'il fallait faire désigner un nouveau président en tirant au sort; l'assemblée électorale fut dissoute, et on renvoya au premier jour des comices pour trancher la question[4]. Pendant la nuit les partisans de Gracchus veillèrent autour de sa maison pour le protéger. La nouvelle assemblée se réunit sur le Capitole devant le temple de Jupiter; malgré les présages sinistres[5], Gracchus s'y rendit. Avant la fin des opérations, les deux partis en vinrent aux mains; les prêtres fermèrent le temple de Jupiter. Le sénateur M. Fulvius Flaccus venait d'annoncer que les sénateurs avaient résolu de faire mettre à mort Gracchus. Au milieu du tumulte, on entend des voix criant que Gracchus a porté la main à sa tête; il a donné par là le signal du combat, disent les uns, ou bien, il a déposé tous ses collègues, ou bien il veut le tribunat sans élection[6], ou il a même manifesté par ce geste son intention de se voir couronné roi. D'autres, au contraire, protestent et disent qu'il a voulu seulement montrer que sa tête est en danger[7].

Au même moment le sénat était réuni en séance dans le temple de la Bonne-Foi sur le capitole; le consul P. Mucius Scévola refusa de se laisser donner des pouvoirs extraordinaires par le *senatus consultum ultimum*; il promit seulement d'annuler toutes les décisions du peuple qui seraient contraires

---

[1]) App., *b. c.*, 1, 14.
[2]) Plut., *Ti. Gr.*, 16.
[3]) App., *b. c.*, 1, 14.
[4]) App., *b. c.*, 1, 14. Plut., *Ti. Gr.*, 16.
[5]) Plut., *Ti. Gr.*, 17. Obseq., 27. Val. Max., 1, 4, 2.
[6]) App., *b. c.*, 1, 15.
[7]) Plut., *Ti. Gr.*, 19. Flor., 3, 14. Aur. Vict., *Vir. ill.*, 64.

à la loi[1]. En entendant ces paroles, le pontife[2] Scipion Nasica, le plus violent adversaire des Gracques[3], s'était levé en s'écriant : Qui veut le salut du sénat me suive ! Et il était sorti, suivi de ses partisans pour se rendre sur le lieu du combat. Le peuple surexcité se battait avec énergie; la lutte devint terrible surtout après l'arrivée de Scipion et des autres sénateurs, qui se mêlèrent aux combattants[4]. Au milieu de la bagarre Ti. Gracchus fut tué par P. Saturejus et L. Rufus[5]; avec lui tombèrent 300 de ses partisans[6]. Les cadavres, même celui de Gracchus, furent jetés au Tibre sur l'ordre de l'édile plébéien Lucretius Vespillo[7].

Le sang avait coulé pour la première fois dans les luttes des partis; on venait de donner l'exemple des violences, il allait être suivi d'agitations bien plus sanglantes[8].

---

[1]) Plut., *Ti. Gr.*, 19. Cf. 18. Val. Max., 3, 2, 17. Cic., *Tusc.*,4, 23, 51. de Dom., 34, 91. [Aur. Vict.] *Vir. ill.*, 64.

[2]) C'est à tort que les auteurs le désignent à ce moment comme *pontifex maximus*, il ne le devint que plus tard. App., *b. c.*, 1, 16. Pl., *Ti. Gr.*, 21. Val. Max., 1, 42. Cic., *Cat.*, 1, 1, 3. *Tusc.*, 4, 23, 51. (Cf. *de Nat. deor.*, 3, 2. 5.)

[3]) Cic., *Brut.*, 28, 107. 58, 212. *de Or.*, 2, 70, 285. *de Off.*, 1, 30, 109. 22, 76. *Phil.*, 8, 4, 13. Flor., 3, 14.

[4]) Diod., 34, 28, 60. Cornif., *ad Her.*, 4, 55, 68.

[5]) Pl., *Ti. Gr.*, 19. App., *b. c.*, 1, 16.

[6]) Pl., *Ti. Gr.*, 19. Oros., 5, 9.

[7]) Aur. Vict., *Vir. ill.*, 64. Val. Max., 1, 4, 3. Liv., *ep.*, 58.

[8]) App., *b. c.*, 1, 2. 17. Vell., 2, 3. Pl., *Ti. Gr.* 20.

CHAPITRE DEUXIÈME

La mort de Ti. Gracchus ne fit qu'accentuer la division du peuple romain en deux grands partis[1]. Sans doute le parti victorieux comprit que, afin de calmer l'exaltation populaire, il devait quelque réparation pour le meurtre du tribun. Mais espérait-il sérieusement calmer les esprits, en envoyant sur la demande des *decemviri sacrorum*, une ambassade au temple de Cérès à Henna en Sicile[2]. Suffisait-il pour cela d'organiser dans Rome une procession de vingt-sept jeunes filles qui parcoururent la ville en chantant des hymnes pacifiques[3]? Il faut reconnaître que le Sénat faisait plus, en maintenant la loi agraire[4], il fit même remplacer immédiatement Ti. Gracchus dans le triumvirat : on élut P. Licinius Crassus Mucianus, qui venait de marier sa fille avec C. Gracchus[5]. Le sénat donna encore une autre satisfaction au peuple ; on n'entendait que des malédictions contre Scipion Nasica ; M. Fulvius Flaccus voulait le mettre en accusation[6], le sénat le sacrifia en lui donnant une ambassade libre (*legatio libera*) pour l'Asie[7]. Cependant c'étaient des réparations insuffisantes et peu sérieuses ; le sénat continua à semer la discorde en faisant poursuivre les partisans de Ti. Gracchus ; il maintint que Gracchus avait aspiré à la tyrannie, et qu'on avait bien fait de le sacrifier.

---

[1]) Cic., *de Rep.*, 1, 19, 31. App., *b. c.*, 1, 17; cf. Sall., *Jug.*, 41 et seq.
[2]) Cic., *in Verr. accus.*, 4, 49, 108. Val. Max., 1, 1, 1. Diod., 34, 32.
[3]) Obseq., 27.
[4]) Val. Max., 7, 2, 6.
[5]) Plut., *Ti. Gr.*, 21. C. Gr., 15. 17.
[6]) Cic., *de Orat.*, 2, 70, 285.
[7]) Pl., *Ti. Gr.*, 21. Val. Max., 5, 3, 2. Aur. Vict., *Vir. ill.*, 64.

Le consul P. Mucius Scévola partageait cette opinion[1] ; voilà pourquoi on chargea les consuls de 132[2] de punir les amis politiques de Ti. Gracchus[3]. Plusieurs furent bannis, d'autres, comme Diophanes, furent cruellement torturés et mis à mort, Blossius échappa à une condamnation par la fuite. C. Lælius avait pris part à ces vengeances, les consuls se l'étaient adjoint comme conseil.

Le trimuvirat reconstitué se mit à l'œuvre pour délimiter l'*ager privatus* et l'*ager publicus*[4] ; le consul P. Popilius Lænas soutenait les tresviri et faisait exécuter leurs décisions, en remettant les assignations d'*ager publicus* aux citoyens désignés par la commission[5]. A ce moment Scipion Emilien rentra à Rome, il venait de prendre Numance. On pouvait espérer que sa haute influence calmerait les discordes civiles, et qu'il servirait d'intermédiaire pour rapprocher les deux partis du sénat et du peuple ; le premier était alors dirigé par Q. Cæcilius Metellus et par P. Mucius Scévola; les chefs du peuple étaient Appius Claudius Pulcher, et P. Licinius Crassus. Mais ces deux partis étaient trop passionnés pour l'entendre[6] ; du reste Scipion Emilien agit avec une grande indépendance : il mécontenta le peuple en blâmant la tentative de Ti. Gracchus, et, en apprenant sa mort, il se serait écrié :

ὥς ἀπόλοιτο καὶ ἄλλος, ὅτις τοιαῦτά γε ῥέζοι[7].

Il ne réussit pas non plus à gagner la confiance des optimates. Ainsi il ne put, probablement par suite des divisions survenues dans le parti des optimates, faire parvenir au consulat L. Rupilius, frère du consul de 132[8]. Le parti des

---

[1] Cic., *Planc.*, 36, 88. *de Dom.*, 34, 91.

[2] P. Popilius Lænas, fils du consul de 172 et de 158, et P. Rupilius, ami de Scipion Emilien. (Cic., *Læl.*, 19, 69. 27, 101.)

[3] Val. Max., 4, 7, 1. Vell., 2, 7. Cic., *Læl.*, 11, 37. Plut., *Ti. Gr.*, 20. *C. Gr.* 4. Sall., *Jug.*, 42.

[4] I. L. A., p. 156. 167. 558 ; cf. Lib. col., p. 242 Lachmann.

[5] I. L. A., p. 154.

[6] Cic., *de Rep.*, 1, 19, 31.

[7] Homère, *Odyss.*, 1, 47. Plut., *Ti. Gr.*, 21. Diod., 34, 29.

[8] Cic., *Læl.*, 20, 73 ; *Tusc.*, 4, 17, 40.

Gracques fit nommer son chef, P. Licinius Crassus ; l'autre consul fut L. Valerius Flaccus, le préteur de 139[1].

Cette élection fut une victoire pour le peuple, mais la mesquine ambition de Crassus la rendit inutile. A Pergame un prétendant, Aristonicus, avait contesté le testament d'Attale[2] ; profitant d'une révolte d'esclaves[3], qui avaient voulu imiter les esclaves siciliotes, Aristonicus avait usurpé le trône ; il fallut envoyer une armée romaine en Asie. Qui aurait le commandement ? Crassus était grand pontife et ne pouvait pas quitter l'Italie ; du reste l'intérêt de la cause populaire lui faisait un devoir de mettre la puissance consulaire au service du triumvirat ; personne mieux que lui ne pouvait mener à bien l'œuvre de Ti. Gracchus. D'autre part, L. Valerius Flaccus, flamine de mars, ne pouvait pas exercer de commandement ; en sa qualité de grand pontife, Crassus le lui rappela, et le contraignit à l'observance de ses devoirs religieux : Crassus avait dû lui faire cette défense au sénat, au moment où fut réglé le partage des provinces. On fit appel au peuple qui donna raison au grand pontife[4]. Dans ces conditions on aurait dû remettre le commandement à un simple particulier, et il était tout désigné, c'était Scipion Emilien. Mais Crassus s'était pris tout à coup d'une violente passion pour la gloire, et il entrevoyait dans cette campagne l'occasion de remporter des lauriers faciles. Les tribuns durent poser au peuple cette question : *quem id bellum gerere placeret*. Le peuple fut assez aveugle pour en confier la direction à Crassus ; deux tribus seulement votèrent pour Scipion Emilien[5].

Crassus partit donc pour l'Asie ; mais alors le peuple fut assez heureux pour trouver un nouveau chef, un véritable chef de parti plein d'énergie et doué d'une rare éloquence[6], ce

---

[1]) Cf. Jos., *Ant. Jud.*, 14, 8, 5.
[2]) Strab., 13, 4, 2. Flor., 2, 20. Vell., 2, 4.
[3]) Strab., 14, 1, 38. Diod., 34, 4.
[4]) Cic., *Phil.*, 11, 8, 18.
[5]) Cic., *Phil.*, 11, 8, 18. Liv., *ep.*, 59.
[6]) Cic., *Brut.*, 27, 86. 296. 97, 333 ; *de Or.*, 3, 7, 28 ; *Læl.*, 11, 39. Vell., 2, 9.

fut C. Papirius Carbo, élu tribun pour 131. Afin de soustraire les votes des comices à l'influence personnelle des nobles, il proposa *la lex papiria tabellaria*: le vote secret et écrit, qui était déjà en usage pour les élections et les jugements, devait être employé également pour le vote des lois [1]. Il proposa aussi d'autoriser la réélection des tribuns, en supprimant la loi qui avait été fatale à Ti. Gracchus; sa proposition est intitulée *rogatio papiria de tribunis reficiendis* [2] : on pouvait réélire un tribun autant de fois qu'on le voulait [3]. Scipion Emilien, aidé de C. Lælius, fit rejeter la proposition [4]. Dans la discussion Emilien se trouva amené à parler de Ti. Gracchus, et déclara que Ti. avait été traité comme il le méritait, puisqu'il avait aspiré à la tyrannie [5]; le peuple ayant protesté avec violence, Emilien répondit avec tant de hauteur [6] que tout fut rompu entre lui et le parti populaire ; d'ailleurs il ne remporta qu'un succès momentané ; avant 123, la proposition de Carbo fut reprise et convertie en loi : désormais tout plébéien, même celui qui avait été tribun les années précédentes, pouvait être élu, quand il n'y avait pas le nombre voulu de candidats [7]. Il est possible que Carbo ait repris la *lex judiciaria* de Ti. Gracchus : on expliquerait ainsi le passage de Macrobe disant que Scipion Emilien, absent pendant l'année 133, aurait prononcé un discours contre cette loi judiciaire [8].

Le peuple témoigna sa reconnaissance à Carbo en le faisant entrer dans la commission des *Tresviri* qui fut renouvelée cette année par suite du départ de Crassus ; en même temps

---

[1] Cic., *de Leg.*, 3, 16, 35.
[2] Cic., *Læl.*, 25, 96.
[3] Liv., *ep.*, 59.
[4] Cf. Cic., *Læl.*, 12, 41.
[5] Liv., *ep.*, 59. Vell., 2, 4. Val. Max., 6, 2, 3. Cic., *de Or.*, 2, 25, 106. *Mil.*, 3, 8.
[6] Vell., 2, 4. Val. Max., 6, 2, 3. [Aur. Vict.] *Vir. ill.*, 58. Plut., *Apophth.*, Sc., 22. *Ti. Gr.*, 21.
[7] App., *b. c.*, 1, 24.
[8] Macr., *Sat.*, 3, 14, 6 (= 2, 10).

M. Fulvius Flaccus remplaça [1] Appius Claudius Pulcher qui venait de mourir [2].

La commission déploya une grande activité pour rétablir la distinction entre l'ager privatus et l'ager publicus [3] : on a conservé des bornes en pierre qui sont de cette époque [4]. Elle exigea avec rigueur les titres des propriétés particulières, les actes d'entrée en jouissance des possessions ; généralement les propriétaires furent dans l'impossibilité de les produire. Elle ne se contenta pas d'enlever aux possesseurs ce qui dépassait les cinq cents ou les mille jugères autorisés par la loi, elle fit rentrer dans le domaine public tous les biens pour lesquels on ne put justifier d'un titre authentique. Elle excita la colère d'un grand nombre de citoyens romains, qui furent dépouillés de leurs prétendues propriétés, elle mécontenta aussi les Latins et les alliés. Chez ces derniers, au moment de la conquête, on avait confisqué de grandes étendues de territoires, qui avaient grossi l'ager publicus du peuple romain [5]; or les riches avaient acheté des terres de l'ager publicus, et, les réunissant à leurs propriétés particulières, avaient constitué des latifundia à l'exemple des Romains [6]. L'hostilité des communautés latines était d'autant plus dangereuse que là on ne pouvait pas compter sur l'appui de la population pauvre : la loi de Ti. Gracchus portait que des assignations ne pouvaient être données qu'aux citoyens romains.

On vit accourir à Rome tous les Latins mécontents, ceux qui avaient été dépouillés, ceux qui craignaient de l'être, et aussi les pauvres qui demandaient à être assimilés aux citoyens pour les distributions de terres. Scipion Emilien prit leur défense ; il s'était placé en dehors des partis et affectait une hautaine indépendance ; il venait d'irriter les nobles en présentant une accusation, qui fut sans résultat, contre L. Aure-

[1]) App., *b. c.*, 1, 18. Vell., 2, 6. Liv., *ep.*, 59. Obseq., 28; cf., Plut., *C. Gr.*, 10.
[2]) Cic., *de Rep.*, 1, 19, 31.
[3]) App., *b. c.*, 1, 18.
[4]) I. L. A., p. 156.
[5]) App , *b. c.*, 1, 18. *Lex agr.*, 31. 32. I. L. A., p. 81. Cf. 90.
[6]) Cf. App., *b. c.*, 1, 36.

lius Cotta au sujet des exactions qu'il avait commises pendant sa préture[1]. Il ne craignit pas d'ameuter le peuple contre lui en prenant les Latins sous sa protection; on croit qu'il se borna d'abord à revendiquer pour eux les droits que conféraient les traités sur *l'ager publicus*[2]. Puis il alla plus loin; il demanda, probablement au moment des élections pour le renouvellement du triumvirat en 129[3], il demanda que les fonctions judiciaires, accordées aux Tresviri par la deuxième loi Sempronia, leur fussent retirées; elles seraient rendues aux consuls, déjà juges des différends entre l'État et les fermiers des douanes[4]. Scipion remettait donc la réforme agraire entre les mains de la noblesse, c'est ce qu'il voulait depuis longtemps, et il la liait à la cause des Latins. Mais la noblesse n'eut pas le courage d'entrer dans la voie que lui ouvrait Scipion. Le consul présent à Rome, C. Sempronius Tuditanus, s'empressa de se dérober à une tâche dont il connaissait les difficultés, pour entreprendre une campagne dans les Alpes contre les Iapydes[5].

La réforme agraire n'en était pas moins arrêtée, le parti des Gracques fut très irrité contre Scipion, il lui reprocha de vouloir supprimer la loi Sempronia par la force; dans les assemblées tenues par les tresviri, on parla tout haut de le mettre à mort[6]. Le lendemain d'une violente discussion au sénat et à l'assemblée du peuple, à laquelle Scipion Emilien avait pris part, le défenseur des Latins fut trouvé mort dans son lit[7]. Il était naturel que l'on désignât comme les auteurs de sa mort, C. Papirius Carbo[8], M. Fulvius Flaccus[9], C. Grac-

---

[1]) Cic., *Mur.*, 28, 58. *Divin. in Cæc.*, 21, 69. *Brut.*, 21, 81. Ps. Ascon., p. 124. Val. Max., 8, 1, 11. App., *b. c.*, 1, 22. Tac., *Ann.*, 3, 66.
[2]) Cic., *de Rep.*, 1, 19, 31. Schol. Bobb., p. 283.
[3]) App., *b. c.*, 1, 9.
[4]) App., *b. c.*, 1, 19.
[5]) Liv., *ep.*, 59. App., *Illyr.*, 10.
[6]) Plut., *Apopht. Sc.*, 23.
[7]) App., *b. c.*, 1, 20. Liv., *ep.*, 59. Vell., 2, 4. Plut., *C. Gr.*, 10. Oros., 5, 10. Cic. *de Nat. deor.*, 2, 5, 14. 3, 32, 80. *de Fat.*, 9, 18. *ad Attic.*, 10, 8, 7.
[8]) Cic., *Fam.*, 9, 21, 3. *de Or.*, 2, 40, 170. *ad Q. fr.*, 2, 3, 3.
[9]) Plut., *C. Gr.*, 10.

chus[1], même Sempronia, sa femme, et Cornélie la mère des Gracques[2]. Mais, si l'on s'en rapporte au témoignage de C. Lælius, Scipion mourut d'une mort naturelle[3]. Il n'y eut pas d'enquête judiciaire[4] : le sénat ne voulut pas augmenter l'agitation du peuple qui avait bruyamment manifesté sa joie ; pour le sénat d'ailleurs, la mort d'un personnage qui lui était peu sympathique, était un événement indifférent[5] ; quant au peuple, il se garda bien de solliciter une enquête qui aurait été dirigée contre ses partisans[6]. Telle fut la fin d'un homme qui réunissait toutes les qualités pour gouverner un grand peuple. Son ami C. Lælius écrivit pour Q. Ælius Tubero[7], et pour Q. Fabius Maximus les éloges funèbres[8] qu'ils voulaient prononcer en l'honneur de l'illustre défunt. Son vieil adversaire, Q. Cæcilius Metellus Macedonicus, alors censeur, engagea ses fils à suivre le cortège, en leur disant : *Ite, filii, celebrate exequias, nunquam civis majoris funus videbitis*[9].

Après la mort de Scipion, les triumvirs provoquèrent de nouvelles agitations, plus violentes que par le passé[10] ; ils firent savoir au peuple[11] que toutes les misères devaient se solidariser : les Latins ruinés et les malheureux de Rome devaient s'unir pour combattre les nobles et les capitalistes. Ainsi, par la faute de la noblesse, qui maltraitait les Latins et les alliés dans toutes les circontances de la façon la plus odieuse[12], par la faute aussi des citoyens qui voulaient garder pour eux seuls les privilèges de ce titre, la question latine, devenue insoluble, allait servir de prétexte aux agitations de la démago-

---

[1] Plut., *C. Gr.*, 10. Schol. Bobb., p. 283.
[2] App., *b. c.*, 1, 20. Liv., *Ep.*, 59. Oros., 5, 10.
[3] Sch., Bob., p. 283. Cic., *Læl.*, 3, 12.
[4] Liv., *ep.*, 59. Val. Max., 5, 3, 2. Cic., *Mil.*, 7, 16. Vell., 2, 4. Plut., *C. Gr.*, 10.
[5] Cic., *de Rep.*, 1, 19, 31.
[6] Plut., *C. Gr.*, 10.
[7] Cic., *de Or.*, 2, 84, 341. Cf. Val. Max., 7, 5, 1.
[8] Sch. Bob., p. 283. Cic., *Mur.*, 36, 75.
[9] Plin., *n. h.*, 7, 44, 144. Val. Max., 4, 1, 12. Plut., *Apopht. Cæc. Met.*, 3 ; cf. Dio C., fr. 84 B.
[10] Liv., *ep.*, 59. Dio C., fr. 84 B.
[11] App., *b. c.*, 1, 20 et seq.
[12] Gell., 10, 3.

gie, en même temps que la réforme agraire. Avec de l'entente, du désintéressement, de l'énergie, la noblesse aurait pu résoudre ces deux graves questions par la voie administrative, c'est-à-dire par l'intermédiaire des censeurs. Les censeurs, entrés en fonctions en 131, étaient Q. Cæcilius Metellus Macédonicus et Q. Pompeius[1] : ils ne s'occupèrent nullement de la loi agraire ni de la question latine. Comme leurs prédécesseurs, ils se contentèrent d'inscrire sur les tables du cens un certain nombre d'alliés, sans examiner soigneusement leurs droits ; malgré cela, le chiffre des citoyens, 318,823[2], n'était guère plus élevé qu'au dernier recensement, ce qui prouvait que la population de l'Italie avait diminué. Metellus, laissant de côté la loi agraire et la question des alliés, s'appliqua à en rechercher les causes ; il remarqua que le nombre des mariages et le chiffre des naissances avaient diminué pour deux raisons : par suite de la misère dans les basses classes, et de la démoralisation dans les premières familles[3]. Alors il composa un magnifique discours *de ducendis uxoribus* ou de *prole augendà* ; plus tard Auguste en louait la composition, et reconnaissait qu'il s'appliquait bien à la société de son temps[4]. Metellus avait surtout insisté sur les difficultés qui surviennent dans le mariage par suite des exigences de la femme. Metellus était un esprit étroit, incapable de calmer les haines de parti, en voici un autre exemple : en dressant la liste du sénat, il n'exclut aucun personnage influent, et Dieu sait combien étaient indignes de siéger, et il omit le nom du tribun C. Atinius Labeo, sans doute un des collègues de C. Papirius Carbo. Le tribun fut tellement irrité qu'il ne craignit pas de faire un scandale, en demandant que le censeur fût précipité de la roche Tarpéienne[5] ; les autres tribuns essayèrent de le

---

[1] C'étaient deux plébéiens (Liv., *ep.*, 59) brouillés depuis longtemps ; voir tome I, page 283.

[2] Liv., *ep.*, 59 ; le chiffre du dernier recensement donné plus haut, = 317,923.

[3] Exemples donnés par Val. Max., 6, 7, 1. Plut., *Cat. Maj.*, 24. App., *b. c.*, 1, 20.

[4] Liv., *ep* , 59. Suet., *Aug.*, 89 ; cf. Gell., 1, 6, qui attribue faussement le discours à Metellus Numidicus.

[5] Labeo ne considérait pas le censeur comme coupable de haute trahison

contenir, et alors Labeo ordonna la confiscation (*consecratio*) des biens de Metellus[1]. A ce moment de lutte implacable entre la noblesse et le peuple, les chefs populaires voulurent affaiblir l'influence des nobles, en empêchant les sénateurs de voter dans les centuries des chevaliers; on proposa même, sans doute quand les censeurs firent le recensement des chevaliers (*Recognitio equitum*), de retirer *l'equus publicus* à tous les sénateurs. La discussion eut lieu devant le peuple, du vivant de Scipion; nous savons qu'il s'opposa à cette mesure, parce qu'elle pouvait compromettre l'union du sénat et de la classe riche, si précieuse pour la noblesse[2]. Cette proposition, *plebiscitum reddendorum equorum*, fut adoptée[3], mais nous ne pouvons pas dire si ce fut pendant ou après la censure de Metellus et de Pompeius.

La noblesse soutenait la lutte et s'acharnait à froisser le parti populaire pour des motifs futiles. P. Licinius Crassus avait été battu dans la guerre entre Aristonicus[4], il fut même fait prisonnier et égorgé[5]; alors on nomma grand pontife[6], à sa place, P. Scipion Nasica Serapion qui était absent, uniquement pour lui fournir le prétexte d'une rentrée solennelle. Mais Scipion ne put entrer en fonctions, il mourut à Pergame[7], quelque temps avant Scipion Emilien. Animé des mêmes intentions hostiles à l'égard du peuple, on le remplaça par P. Mucius Scevola, qui avait trahi la cause des Gracques[8].

M. Perperna, consul de 130[9], et M'Aquilius[10], consul de

(*perduellio*), il lui reprochait d'avoir violé la *lex sacrata,* et voilà pourquoi il voulait le précipiter de la roche Tarpéienne.

[1]) Liv., *ep.*, 59. Cic., *de Dom.*, 47, 123. Plin., *n. h.*, 7, 44, 143.

[2]) Cic., *de Rep.*, 4, 2.

[3]) Q. Cic., *de Pet. cons.*, 8, 33.

[4]) Cf. Gell., 1, 13, 11. Val. Max., 8, 7, 6.

[5]) Liv., *ep.*, 59. Obseq., 28. Oros., 5, 10. Vell., 2, 4. Flor., 2, 20. Eutr., 4, 20. Val. Max., 3, 2, 12. Ascon., p. 24. Strab., 14, 1, 38.

[6]) Vell., 2, 3.

[7]) Cic., *de Rep.*, 6, 8, 8. Flacc., 31, 75. Val. Max., 5, 3, 2. Plut., *Ti. Gr.*, 21.

[8]) Cic., *de Or.*, 2, 12, 52. *de Dom.*, 53, 136. Dig., 1, 2, 2, 39.

[9]) Liv., *ep.*, 59. Oros., 5, 10. Eutr., 4, 20. Val. Max., 3, 4, 5. Strab., 14, 1, 38.

[10]) Flor., 2, 20. Vell., 2, 4.

129, terminèrent la guerre d'Aristonicus[1]; on organisa la province d'Asie[2]. Cette guerre, comme celle de Syrie, eut des conséquences déplorables, elle encouragea encore le développement du luxe à Rome[3]. M. Aquilius fut même accusé de concussion (*repetundæ*), probablement par P. Cornelius Lentulus, le consul de 162 qui avait succédé à Appius Claudius Pulcher comme prince du sénat[4]. Aquilius se fit acquitter en achetant ses juges; le sénat ne laissa pas passer la chose : il se fit soumettre les comptes et les actes d'Aquilius, et voulut savoir pourquoi ce dernier avait cédé la Phrygie à Mithridate[5].

La commission agraire agissait toujours; elle provoqua à Rome un grand rassemblement d'étrangers et de Latins; la noblesse fut effrayée et se crut obligée de prendre en 126 des mesures préventives. Poussé par les nobles, le tribun M. Junius Pennus[6] ordonna l'expulsion de tous les étrangers et de tous les Latins hors de Rome[7]; c'était une mesure radicale qui pouvait se justifier par un précédent, celui de la lex Claudia de 177. Pour appliquer la loi *junia*, il fallut faire des recherches, et on acquit la preuve que le père de M. Perperna, le consul de 130 avait usurpé le titre de citoyen; le fils avait donc été illégalement proclamé consul[8].

Les partisans des Gracques reprirent l'avantage en 125 : M. Fulvius Flaccus, qui était toujours membre de la commission agraire[9], fut nommé consul. Il voulut donner à la question des Latins une solution législative, et proposa la loi de *civitate sociis danda* : elle renfermait un article qui assurait à ceux qui préféreraient rester attachés à leur communauté autonome,

---

[1]) Strab., 14, 1, 38.

[2]) Sall., *Hist.*, 4, 61, 8 D. Vell., 2, 38.

[3]) Flor., 3, 12. Just., 36, 4. Plin., *n. h.*, 33, 11, 53, 148.

[4]) Cic., *divin. in Cæcin.*, 21, 69; cf. Font., 13, 28. App., *b. c.*, 1, 22. Dio C., 46, 20.

[5]) App., *Mithr.*, 57; cf., 12. Justin., 38, 5.

[6]) Pennus est peut-être aussi l'auteur *de la lex Junia repetundarum* qui fut votée peu de temps avant le tribunat de C. Gracchus. *Lex rep.*, 23, 74. I. L. A., p. 59. 62. Cf. p. 555.

[7]) Cic., *Brut.*, 28, 109. *de Off.*, 3, 11, 47; cf. Festus, p. 286.

[8]) Val. Max., 3, 4, 5, parle d'une loi *Papia*, il a voulu sans aucun doute parler de la *lex Junia*.

[9]) App., *b. c.*, 1, 21.

le bénéfice des lois *Valeriæ* et *Porciæ*[1], c'est-à-dire le droit de faire appel au peuple (*de provocatione ad populum eorum, qui civitatem mutare noluissent*[2]); un article analogue existait dans la loi Claudia. Ceux au contraire qui se feraient inscrire comme citoyens, auraient par ce seul fait droit aux assignations de terres. Naturellement le sénat combattit la loi et Flaccus fit tous ses efforts pour essayer de modifier les dispositions de l'assemblée qui défendait la noblesse[3]. La proposition dut déplaire aussi au peuple, et le consul finit par désespérer du succès. Il laissa tomber sa proposition et partit pour aller défendre Marseille contre les Gaulois Salluves[4].

Trompés dans leurs espérances les Latins et les alliés se laissèrent aller au désespoir : la colonie latine de Frégelles essaya de se révolter[5]; elle avait déjà, dans une circonstance que nous ne pouvons préciser, pris la parole au nom des colonies[6]; on ne connaît pas les circonstances qui la poussèrent alors à cette résolution, elle devait compter[7] sur l'appui des autres colonies et des chefs du parti populaire à Rome[8]. Le préteur L. Opimius étouffa l'insurrection, et détruisit Frégelles[9], livrée par Q. Numitorius Pullus[10]. Le sénat eut cependant assez de pudeur pour refuser le triomphe à L. Opimius qui le demandait[11]. Il dut même approuver des plébiscites particuliers, qui conféraient le droit de cité à une partie des alliés; on explique ainsi la subite augmentation du nombre des citoyens : de 318,823, il monte à 394,726 au recensement de 125-124[12]. Une pareille conduite est bien une application

---

[1]) Cf., *Lex. rep.*, 78. 85. I. L. A., p. 63, cf. p. 71.
[2]) Val. Max., 9, 5, 1 ; cf. App., *b. c.*, 1, 21. 34. Plut., *C. Gr.*, 10.
[3]) Val. Max., 9, 5, 1. App., *b. c.*, 1, 21.
[4]) Liv., *ep.* 60. App., *b. c.*, 1, 34.
[5]) Plut., *C. Gr.* 3. Cic., *Leg. agr.*, 2, 33, 90.
[6]) Cic., *Brut.*, 46, 170.
[7]) Cf. Aur. Vict., *Vir. ill.*, 65.
[8]) Cornif., *ad. Her.*, 4, 9, 13. 11, 16. 27, 37.
[9]) Liv., *ep.* 60. Obseq., 30. Strab., 5, 3, 10. Cornif., *ad. Her.*, 4, 15, 22. 27, 37. Cic., *Pis.*, 39, 95. *Planc.*, 29, 70. Ascon., p. 17. Vell., 2,6.
[10]) Cic., *de Fin.*, 5, 22, 62. *de Inv.*, 2, 34. *Phil.*, 3, 6, 17.
[11]) Val. Max., 2, 8, 4. Amm. Marc., 25, 9, 10.
[12]) Liv., *ep.* 60.

du fameux principe *divide et impera*, qui réglait la conduite de Rome à l'égard des alliés et des peuples sujets, mais elle ne tranchait pas la question latine : les alliés qui ne furent pas admis dans la cité, n'en furent que plus irrités, ils devinrent irréconciliables.

Les censeurs de 125, Cn. Servilius Cæpio et L. Cassius Longinus Ravilla[1], se distinguèrent par leur sévérité à l'égard de M. Æmilius Lepidus Porcina, déjà condamné par le peuple sous le tribunat de L. Cassius ; ils lui reprochèrent les dépenses exagérées faites pour la construction d'une villa[2]. Ils méritèrent d'ailleurs la reconnaissance de tous les citoyens en procurant à Rome une nouvelle source, *l'aqua Tepula*[3] ; ils fondèrent aussi une colonie de citoyens à Fabrateria, pour remplacer Frégelles, et peut-être celle de Dertona dans la Gaule cispadane[4].

Au recensement des chevaliers présidé par les mêmes censeurs, le peuple put revoir C. Gracchus, absent depuis longtemps, et qui cependant n'avait cessé de faire partie de la commission agraire[5]. Après la mort de son frère, il s'était retiré à l'écart[6] ; puis, se faisant violence à lui-même, il s'était résigné à parcourir la carrière des honneurs. Le souvenir de son frère ne lui laissait pas de repos[7]. Il n'avait paru devant le peuple que pour défendre son ami Vettius[8] ; il révéla dans cette circonstance son brillant talent d'orateur, supérieur à celui de son frère et de tous ses contemporains[9]. En 131 il avait défendu la proposition *Papiria de tribunis reficiendis*[10] et su exciter la sympathie du peuple en rappelant le

---

[1] Cæpion avait été consul en 141, Ravilla tribun en 137, et consul en 127. (Cic. *in Verr. acc.*, 1, 55, 143.)

[2] Vell., 2, 10.

[3] Front. *Aq.*, 8.

[4] Vell., 1, 15.

[5] App., *b. c.*, 1, 21.

[6] Cic., *Læl.*, 11, 39. Plut., *Præc. polit.*, 2.

[7] Cic., *de Div.*, 1, 26, 56. *Har. resp.*, 20, 43. Val. Max., 1, 7, 6. Plut., *C. Gr.*, 1. Schol. Bob., p. 365.

[8] Plut., *C. Gr.*, 1.

[9] Cic., *Brut.*, 33. 86, 296. 97, 333. *Har. resp.*, 19, 41, Plut., *Ti. Gr.*, 2. Dio C., fr. 85 B. Liv., *ep.* 60. Vell., 2, 6. Val. Max., 8, 10, 1.

[10] Liv., *ep.* 59.

souvenir de son frère[1], et en parlant de ses dangers personnels[2]. Ce fut probablement 'sous la censure de Metellus qu'il
prononça contre Pompilius et les matrones un discours sur
lequel nous ne savons rien[3]. Il parla encore contre la *lex Junia de peregrinis*[4], puis partit pour la Sardaigne où il fut
questeur du consul L. Aurelius Orestes, 126[5]. Le sénat fut
très heureux de le voir partir, mais absent Caius resta un
objet d'inquiétude. Il se rendit populaire en obtenant des
villes de Sardaigne des vêtements pour les soldats romains[6],
et cependant le sénat avait exempté les villes de la province.
Le sénat fut mécontent; il le fut bien plus quand il apprit
que pour être agréable à C. Gracchus, le roi Micipsa (il
l'annonça lui-même au sénat) avait envoyé du blé en Sardaigne pour nourrir l'armée; le sénat résolut alors de rappeler les soldats qui étaient en Sicile et de les remplacer par
d'autres. On prorogea l'impérium du consul et on ne donna
pas de successeur à C. Gracchus[7]. De sa propre autorité,
Caius quitta la province[8], sans se soucier du consul qui revint
seulement en 122[9]. Bien accueilli par le peuple[10], Gracchus
alla se justifier devant les censeurs ; il le fit avec éclat,
prouva qu'il avait servi pendant douze ans, qu'il avait occupé
la questure pendant deux années complètes ; et enfin il ajouta
qu'il n'avait pas, comme d'autres, profité de sa charge pour
amasser des trésors[11]. On lui reprocha d'avoir encouragé la
révolte de Frégelles, il se justifia, mais ce ne fut pas devant le
tribunal de L. Opimius, qui n'était plus préteur en 124[12].

 C. Gracchus voulut profiter de l'impression produite par

[1]) Charis., p. 240. 196. 202. 223 K.
[2]) Cic., *de Or.*, 3, 56, 214. Quint., 11, 3, 115.
[3]) Fest., p. 150.
[4]) Fest., p. 286. Cic., *Brut*, 28, 109.
[5]) Plut., *C. Gr.*, 1. Cic., *Brut.*, 28, 109.
[6]) Liv., *cp.* 60.
[7]) Plut., *C. Gr.*, 2.
[8]) Aur. Vict., *Vir. ill.*, 65.
[9]) I. L. A., p. 463.
[10]) Diod., 34. 47.
[11]) Plut., *C. Gr.*, 2. Cic., *Or.*, 70, 233. Gell., 15, 12. Charis., p. 80 K.
[12]) Plut., *C. Gr.*, 3. Aur. Vict., *Vir. ill.*, 65. Prisc., 10, 21, p. 513 H.

ces éclatantes justifications; considérant que la triumvirat ne pouvait avoir d'effet sérieux qu'à la condition d'être fortifié par le pouvoir du tribunat, Gracchus demanda le tribunat pour l'année 123[1]. Les citoyens des municipes et des colonies accoururent à Rome, pour assurer l'élection; l'influence du parti sénatorial était encore si grande que C. Gracchus fut seulement élu le quatrième[2].

[1] App., *b. c.*, 1, 21.
[2] Plut., *C. Gr.*, 3.

CHAPITRE TROISIÈME

C. Sempronius Gracchus avait, quand il prit possession du tribunat le 10 décembre 124[1], un an de plus que Ti. Gracchus[2], quand ce dernier fut investi des mêmes fonctions en 134. Caius avait de plus pour lui l'expérience acquise pendant les dix dernières années de lutte. On avait maintenant la certitude que l'on ne pouvait plus fonder aucun espoir sur la noblesse. Aussi Caius ne se proposa pas seulement d'améliorer la situation de l'agriculture au moyen de la loi agraire, il songea à diminuer le pouvoir des nobles et l'autorité du sénat[3]. Pour lui l'État devait considérer comme le premier de ses devoirs de venir en aide aux citoyens pauvres ; il voulut donc, tout en admettant le principe et les conséquences de la souveraineté populaire, transformer dans ce sens l'action du gouvernement ; or, une révolution de ce genre ne pouvait être accomplie que par la monarchie. On ne peut guère supposer que Gracchus en avait conscience, ni qu'il avait l'ambition de parvenir à la tyrannie ; on ne peut pas dans tous les cas l'affirmer ; mais ce qu'on peut affirmer, c'est que les adversaires du tribun avaient le droit de dénoncer cette tendance, et de signaler le fait que les réformes de Gracchus conduisaient forcément à l'établissement du pouvoir monarchique[4].

Il est difficile de rétablir l'ordre chronologique des lois pro-

---

[1]) Liv., *ep.* 60. Vell., 2, 6. Oros., 5, 12. Plut., *C. Gr.*, 3 et seq. App., *b. c.*, 1, 21 et seq.

[2]) Plut., *Ti. Gr.*, 3.

[3]) Plut., *C. Gr.*, 5.

[4]) Diod., 34, 48. Vell., 2, 6. Plut., *C. Gr.*, 6.

posées par le tribun. Les auteurs présentent de nombreuses contradictions, on est obligé de recourir aux conjectures. Nous savons cependant que, pour réchauffer le zèle du peuple en faveur de la loi agraire, il débuta en 124 [1] par deux propositions qui avaient pour but de prouver la légalité des actes de Ti. et de montrer que ses adversaires avaient eu tort. Voici la première [2] : Tout citoyen qui aura été dépouillé d'une magistrature par un vote du peuple [3], ne pourra plus occuper aucune fonction dans l'État. Gracchus ne visait pas précisément Octavius, il voulait seulement faire pénétrer dans l'esprit du peuple l'idée que Ti. Gracchus, en faisant exclure Octavius, n'avait agi qu'en vertu du principe de la souveraineté populaire. Quand il fut persuadé par les déclarations faites dans les assemblées (*contiones*), que ce but était atteint, il laissa tomber sa proposition, en disant qu'il cédait aux supplications de sa mère en faveur d'Octavius [4]. La seconde proposition [5] demandait que l'on poursuivît devant le peuple et que l'on condamnât à l'exil (*aquæ et ignis interdictio*) les magistrats coupables d'avoir infligé une peine capitale [6] à un citoyen sans jugement [7] ; nul ne pourrait disposer de la vie (*caput*) d'un citoyen romain sans l'autorisation du peuple (*in jussu populi*) [8] ; personne ne pourrait être condamné par surprise (*judicio circumveniri*), sans procédure légale [9], à la peine capitale [10]. La loi fut votée avec une addition importante qui complétait les dispositions des *leges Porciæ* en supprimant la peine de mort pour

[1]) Obseq., 31.

[2]) Elle est intitulée *lex de abactis*, elle fut proposée en décembre.

[3]) Cf. Fest., *ep.* p. 23.

[4]) Plut., *C. Gr.*, 4. Diod., 34, 49.

[5]) Elle est de 123, elle est intitulée *ne de capite civium romanorum in jussu populi judicaretur*. Elle visait surtout l'abus des tribunaux exceptionnels (*quæstiones extraordinariæ*) au moyen desquels les magistrats atteignaient leurs ennemis personnels et politiques; Pop. Lœnas avait présidé un tribunal de ce genre, celui qui avait condamné à l'exil les partisans de Ti. Gracchus. [N. D. T.]

[6]) L'exil était une peine capitale, *pœna capitalis*.

[7]) Plut., *C. Gr.*, 4. Cic., *de Dom.*, 31, 82.

[8]) Cic., *Rab. perd.*, 4, 12. *Cat.*, 4, 5, 10. Schol. Gron., p. 412. Schol. Ambros., p. 370.

[9]) Cf. Plut., *C. Gr.*, 3.

[10]) Cic., *Cluent.*, 55, 151. 56, 154. Sall., *Cat.*, 51, 40.

les citoyens romains [1]. Elle fut immédiatement appliquée:
C. Gracchus poursuivit [2] partout (*pro rostris, circum concilia-
bula*) de ses invectives P. Popilius Lœnas qui était atteint par
cette loi ; Popilius Lœnas dut quitter l'Italie et s'exiler [3]. Son
collègue, P. Rupilius [4], aurait eu le même sort, s'il avait
encore vécu [5].

C. Gracchus proposa ensuite successivement, ou en même
temps, une *lex agraria*, une *lex frumentaria* [6], une *lex militaris,* et une *lex de provincia Asia a censoribus locanda.*

La loi agraire était la reproduction, avec des additions, de
celle de son frère ; du reste celle de Ti. n'avait cessé d'être
appliquée, point n'était besoin d'en renouveler les dispositions. Cependant C. paraît l'avoir fait [7] ; sa loi portait, comme
celle de Tibérius, que les assignations paieraient l'impôt [8],
et que *l'ager campanus* serait réservé [9] ; pour coordonner
les nouvelles dispositions avec les anciennes [10], il avait jugé
qu'il valait mieux reprendre la loi tout entière. Sans aucun
doute C. rendit aux *Tresviri* le pouvoir judiciaire que leur
avait retiré Scipion en 129 ; nous nous rappelons que ce pouvoir leur avait été donné par une seconde loi de Ti. postérieure
à la grande loi agraire. Privés de ce droit, les *tresviri* n'auraient rien pu faire. On ignore si c'est la loi agraire, ou une
loi particulière, *lex viaria* [11], rendue sous le second tribunat,

---

[1] Sall., *Cat.*, 51, 40. 22. Cf. Cic., *Cat.*, 4, 5, 10. 1, 11, 28.

[2] Fest., p. 150. 201. 241. Gell., 11, 13. 1, 7, 7. Diomed., p. 374 K. Cf.
Plut., *C. Gr.*, 3.

[3] Plut., *C. Gr.*, 4. Cic., *de Dom.*, 31, 82. *de Leg.*, 3 11, 26. *Cluent.*, 35,
95, *de Rep.* 1, 3, 6. Diod., 34, 50. Schol. Bob., p. 252.

[4] Vell., 2, 7.

[5] Cic., *Tusc.*, 4, 17, 40.

[6] La loi *frumentaire* de C. Gracchus est la plus ancienne des lois de ce
genre.

[7] Liv., *ep.* 60. Vell., 2, 6. Plut. *C. Gr.*, 5. Cic., *de Leg. agr.*, 2, 5,
10.

[8] Plut., *C. Gr.*, 9.

[9] *Lex agr.*, 6, 22. I. L. A., p. 79. 80.

[10] Aur. Vict., *Vir. ill.*, 65, parle toujours des lois agraires au pluriel,
leges agrariæ.

[11] App., *b. c.*, 1, 23. Plut. *C. Gr.* 6, 7. On met en doute l'existence d'une
lex sempronia viaria ; les dispositions qu'on lui prête pouvaient être conte-
nues dans la lex agraria. On pouvait cependant faire des lois sur ce sujet :

qui assura aux *Tresviri* le droit de faire construire les routes rendues nécessaires par la division de l'ager publicus en petites propriétés ; mais on conservait au sénat le droit de confirmer par des sénatus-consultes les décisions prises à ce sujet dans la commission des Tresviri [1], et le droit absolu de confier la construction des routes à d'autres magistrats ; ainsi nous sommes presque certain qu'une route fut construite en 123 par les soins du consul T. Quinctius Flamininus [2]. Enfin la loi de C. renfermait cette disposition nouvelle : les Latins pauvres auront leur part d'assignations. On ne la trouve cependant formulée nulle part d'une manière nette, mais elle devait être inscrite dans la loi. D'abord, C. devait chercher à écarter l'opposition des Latins qui avaient mis en échec la loi de Ti., et, pour cela, il fallait les diviser, en mettant en lutte les intérêts des pauvres et des riches. L'hypothèse du reste est justifiée par un article de la loi agraire de 111. Cette loi avait pour objet de liquider la situation créée par les lois agraires des Gracques ; or elle ne fait de distinction entre les citoyens romains et les Latins que pour les lots de terres distribués dans les colonies par le procédé du tirage au sort (*sortito*) [3] ; pour les possessions et les terres données aux citoyens individuellement (*viritim*), elle ne fait aucune différence [4].

La *lex Militaris* et la *lex Frumentaria* devaient, à ce qu'il semble, compenser pour les citoyens romains les avantages que C. avait cru ne pouvoir refuser aux Latins.

La *lex Militaris* défendait d'enrôler les jeunes gens avant dix-sept ans accomplis ; elle diminuait la durée du service ; elle mettait à la charge de l'État la fourniture des vêtements aux soldats citoyens [5]. Par la dernière disposition, les soldats

---

en 50 le tribun C. Scribonius Curio préparera une loi *scribonia viaria*. [N. D. T.]

[1]) *Lex agr.*, 11. 12. 13. I. L. A., p. 79. Cf. p. 90. Plut., *C. Gr.*, 6. 7. App., *b. c.*, 1, 23.

[2]) I. L. A., p. 157.

[3]) *Lex agr.*, 3. 15. I. L. A., p. 79. 80.

[4]) Cf. surtout *Lex agr.*, 21. I. L. A., p. 80. 90.

[5]) Plut., *C. Gr.*, 5 ; cf. Ascon., p. 68. Diod., 34, 48.

de Rome obtenaient enfin une compensation des nombreux avantages qui avaient été assurés aux soldats latins après la deuxième guerre punique [1]. Le premier article visait les nobles; ils faisaient entrer leurs enfants dans l'armée avant l'âge de dix-sept ans [2] comme compagnons (*in conturbernio*) du général en chef, et comptaient ces années comme années de service pour arriver plus tôt à la questure [3].

La *lex Frumentaria* portait : *ut populus pro frumento, quod sibi publice daretur, in singulos modios senos æris et trientes pretii nomine exsolveret* [4]. Elle favorisait le citoyen de Rome de préférence au citoyen latin; celui de Rome avait maintenant le droit hautement affirmé de se faire entretenir par l'État. Au point de vue financier, l'État prenait une charge énorme [5], puisqu'il s'engageait à fournir, pour le prix dérisoire le 6 1/3 as, tous les mois une quantité déterminée de boisseaux de blé. Mais là n'était pas le danger de la loi, le trésor public avait des ressources et pouvait faire face à la dépense. Voici où était le mal : on serait obligé de faire venir des provinces les grandes quantités de blé nécessaires pour des distributions presque gratuites, ce qui rendrait absolument impossible le relèvement de l'agriculture en Italie; or c'était le but que voulait atteindre le réformateur par la loi agraire. C. ne paraît pas avoir eu conscience de la contradiction que présentaient ses deux propositions; une seule chose le préoccupait à ce moment; il voulait à tout prix gagner les sympathies des prolétaires romains, et il croyait y arriver en leur réservant le bénéfice des distributions personnelles de blé.

La loi *de Provincia Asia a censoribus locanda* [6] avait pour but de faire produire le plus possible aux biens d'Attale, dont

---

[1] Polyb., 6, 39; cf. Zon., 9, 2.

[2] Cf. Liv., 25, 5.

[3] Pour arriver à la questure, il fallait avoir servi 10 ans dans l'armée : πολιτικὴν δὲ λαβεῖν ἀρχὴν ουκ ἔξεστιν οὐδενὶ πρότερον, ἐὰν μὴ δέκα στρατείας ἐνιαυσίους ἢ τετελεκώς. Polyb., 6, 19. Cf. Sall., *Jug.*, 63. Cic., *Planc.*, 11.

[4] Schol., *Bob.*, p. 300; cf. p. 303. Liv., *ep.* 60. Vell. 2, 6. Plut., *C. Gr.*, 5. App., *b. c.*, 1, 21. Aur. Vict., *Vir. ill.*, 65., Diod., 34, 48.

[5] Flor., 3, 13. Diod., 34, 48.

[6] Cic., *in Verr. accus.*, 3, 6, 12. *ad Att.*, 1, 17, 9. Sch., Bob., p. 259. Front., *ad Var.*, 2. p. 125. Naber., *Lex ag.*, 82. I. L. A., p., 84; cf. p. 101.

Ti. avait voulu livrer l'administration au peuple, afin d'alimenter le trésor où l'on devait puiser pour couvrir les frais de la loi frumentaire. La loi renfermait des dispositions très précises sur les douanes (*portoria*)[1], déterminait les cas où on pourrait exempter les provinciaux de l'impôt, pour empêcher les exactions des publicains[2]; elle enlevait au sénat ou du moins limitait le droit qu'il avait eu jusqu'alors de fixer en tout ou en partie le prix des fermes[3]. On comprend que le sénat et les financiers durent être fort irrités d'une loi semblable.

Pour recommander ces lois au peuple, C. Gracchus et M. Fulvius Flaccus[4] tinrent des réunions, où ils prononcèrent les discours qui formaient autrefois un recueil intitulé *Orationes de legibus promulgatis*[5]. La loi agraire ne rencontra pas d'opposition sérieuse. A ce moment C. donna une nouvelle preuve de son dévouement à la cause populaire : il combattit la proposition *Marcia* de M. Marcius Censorinus[6], qui voulait faire suspendre la loi Rutilia sur l'élection des tribuns militaires. La loi frumentaire souleva les plus violentes protestations de la part des nobles. On dit d'abord qu'elle épuiserait le trésor, qu'elle encouragerait la paresse des citoyens[7]. C. répondit avec habileté que la loi sur l'administration de l'Asie assurerait les ressources nécessaires, il donna le change au sénat, et se posa en défenseur des intérêts du trésor[8]. Le plus violent des adversaires de la loi fut le consulaire L. Calpurnius Piso Frugi[9]. C. se vit obligé de prononcer contre lui un discours particulier[10]. Nous ne pouvons dire si

[1]) Vell., 2, 6.
[2]) Cf. App., *b. c.*, 5, 4.
[3]) Polyb., 6, 17.
[4]) Au commencement de 123, Flaccus avait triomphé, en qualité de proconsul des Ligures Voconces, et des Salluves. *Fast. triomph.* I. L. A., p. 460.
[5]) Schol. Bob., p. 365. Gell., 9, 14, 16. 10, 3, 1. Fest., p. 201.
[6]) Charis., p. 208 K.
[7]) Cic., *Sest.*, 48, 103. *de Off.*, 2, 21, 72.
[8]) Cic., *Tusc.*, 3, 20, 48. Cf. Prisc., p. 386 H.
[9]) Cic., *Tusc.*, 3, 20, 48.
[10]) Schol. Bob., 233. Cic., *Font.*, 13,29.

ce fut à ce moment ou plus tard que furent prononcées les harangues de Q. Ælius Tubero contre C. Gracchus, et les réponses de celui-ci [1]; nous savons seulement que Tubero, malheureux aux élections pour la préture en 128 [2], combattit violemment C. comme préteur, ou comme *prætorius* en 123. Les nobles opposèrent à la loi *de Provincia Asia* une loi *Aufeja* qui fut probablement présentée par les préteurs. C. la combattit et la fit échouer [3].

Quand les quatre *leges semproniæ* furent votées, C. s'appliqua surtout à diriger l'exécution de la loi frumentaire et de la loi agraire. Pour assurer l'application de la première, il se fit nommer *curator* [4], et ne se laissa arrêter par aucun obstacle; à la première distribution de blé, Calpurnius Frugi essaya de l'embarrasser en se présentant pour recevoir sa part, disant que, puisque l'on gaspillait les trésors de la communauté, il voulait en avoir sa part [5]. S'appuyant sur une décision du sénat [6], et non sur une deuxième loi frumentaire [7], C. fit construire des dépôts de blé : on les appela *sempronia horrea* [8] pour perpétuer à Rome le souvenir du bienfaiteur du peuple. Une commission fut constituée pour l'exécution de la loi agraire; les *Tresviri* élus furent : C. Gracchus, M. Fulvius Flaccus [9], et C. Papirius Carbo [10]. Les *Tresviri* s'appliquèrent d'abord à construire des routes, le sénat les approuva. Ils s'entourèrent alors d'employés, d'ingénieurs; C. déploya une telle activité administrative que toute la direction de l'État paraissait concentrée dans ses mains [11]. Le sénat lui-même, découragé, subissait l'influence du tribun, nous en avons des

[1]) Cic., *Brut.*, 31, 117. Prisc., p. 88 H.
[2]) Cic., *Mur.*, 36, 75. Val. Max., 7, 5, 1.
[3]) Gell., 11, 10 ; surtout 11, 10, 3.
[4]) Cf. Fest., *ep.* p. 48.
[5]) Cic., *Tusc.*, 3, 20, 48.
[6]) Plut., *C. Gr.*, 6.
[7]) Aur. Vict., *Vir. ill.*, 65, est le seul à se servir de l'expression *leges frumentariæ*.
[8]) Fest., p. 290.
[9]) Plut., *C. Gr.*, 10.
[10]) Aur. Vict., *Vir. ill.*, 65 nomme en troisième lieu C. Crassus, il a évidemment confondu C. Carbo et P. Crassus, le beau-père de C. Gracchus.
[11]) Plut., *C. Gr.*, 6. 7. Diod., 34, 48.

preuves. Le propréteur Fabius avait envoyé à Rome un chargement de blé levé par contribution sur les villes d'Espagne ;
sur la proposition de C. le sénat rendit un senatus-consulte
qui désavouait le propréteur, et ordonnait la vente du blé au
profit des villes d'Espagne. En faisant prendre cette décision,
C. se rendit populaire auprès des habitants de la province[1], et
dissipa la mauvaise impression qu'avait dû produire la loi sur
l'Asie dans les provinces, que l'on mettait à contribution pour
l'entretien des citoyens de Rome[2]. Maître du sénat, C. dut
exploiter son influence pour obtenir l'autorisation[3] de fonder
de nouvelles colonies en Italie et hors de l'Italie[4] ; du reste ce
moyen de soulager les misères du prolétariat répondait beaucoup mieux aux vues politiques du sénat que le partage de
l'ager publicus.

Survinrent les élections ; pendant la période électorale, il
était défendu, en vertu des lois *Ælia et Fufia*, de proposer
des lois : il est prouvé que C. respecta cette défense[5]. Vu sa
grande popularité, que la loi frumentaire avait portée à son
comble[6], C. n'eut aucune difficulté à assurer sa réélection[7]; M. Fulvius Flaccus fut aussi élu tribun pour 122[8].
L'influence de C. était si grande que le peuple eût voulu lui
confier le consulat en même temps que le tribunat. Mais C.
ne voulait pas réunir sur sa tête deux magistratures d'un
caractère si différent, il eût du reste violé la loi ; il invita le
peuple à nommer consul C. Fannius Strabo[9]. Le peuple fit
échouer L. Opimius[10], celui qui avait détruit Frégelles, et
nommer Strabo avec Cn. Domitius Ahenobarbus. C. comptait
beaucoup sur ce C. Fannius Strabo[11], l'ancien compagnon

---

[1] Plut., *C. Gr.*, 6.
[2] Diod., 34, 48.
[3] Plut., *C. Gr.*, 6. ; cf. Eutrop., 4, 21. App., *b. c.*, 1, 23.
[4] Vell., 2, 6. 2, 7.
[5] Cic., *Vat.*, 9, 23.
[6] App., *b. c.*, 1, 21.
[7] Plut., *C. Gr.*, 8. Liv., *ep.* 60. Vell., 2, 6.
[8] App., *b. c.* 1, 24, 34.
[9] Plut., *C. Gr.*, 8.
[10] Plut., *C. Gr.*, 11.
[11] Cic., *Brut.*, 26, 99 et seq. distingue deux personnages portant chacun

d'armes de P. Scipion Émilien devant Carthage[1]; pendant
son tribunat, il avait suivi les conseils et appliqué les idées
politiques de son ancien chef[2]; il était le beau-fils de C.
Lælius[3]; C. espérait qu'il ne manquerait pas de prêter aux
réformes l'appui de son autorité consulaire.

Après les élections[4], avant d'entrer dans son second tribunat, C. s'occupa de faire exécuter le sénatus-consulte sur les
colonies. Il proposa lui-même au peuple l'établissement de
plusieurs colonies[5], à Tarente, à Capoue[6], à Scylacium[7]; son
collègue Rubrius demanda la fondation d'une colonie à Carthage[8]; pour la première fois on proposait d'établir une colonie de citoyens en dehors de l'Italie[9]. Il est certain que les
décrets favorables du sénat et du peuple furent rendus en
123[10], mais l'établissement (*deductio*) n'eut lieu que l'année
suivante[11]. Les colonies devaient être des colonies de citoyens;
C., toujours préoccupé des intérêts de la population italiote,
admit les Italiens à prendre part à leur peuplement; par le fait
même ils deviendraient citoyens[12]. Les Italiens furent très satisfaits. Il fallut donner quelque dédommagement aux citoyens:
C., malgré une disposition de la loi de Ti. reproduite dans la
sienne de 123, profita de l'établissement d'une colonie à
Capoue pour entamer l'*ager campanus* et le distribuer aux
citoyens pauvres.

Pendant son premier tribunat[13], C. dut présenter aussi une

les noms de C. Fannius. Cic. a dû se tromper, voir Mommsen, I. L. A.,
p. 158.

[1]) Plut., *Ti. Gr.*, 4.
[2]) Cic., *Brut.*, 26, 99, 100; cf. *Attic.*, 16, 13 C, 2.
[3]) App., *Ib.*, 67. Cic., *ad Attic.*, 12, 5, 3. *Læl.*, 1, 3. *de Rep.*, 1, 12.
18.
[4]) Plut., *C. Gr.*, 8. Liv., *ep.* 60.
[5]) Liv., *ep.* 60.
[6]) Plut., *C. Gr.*, 8. Aur. Vict., *Vir. ill.*, 65.
[7]) Vell., 1, 15.
[8]) Plut., *C. Gr.*, 10. *Lex rep.*, 22. I. L. A., p. 59. *Lex ag.*, 59. I. L. A.,
p. 83.
[9]) Vell., 2, 7 [15].
[10]) Vell., 1, 15. Eutrop., 4, 2f. Oros., 5, 12.
[11]) Plut., *C. Gr.*, 8. 11. App., *b. c.*, 1, 24. Liv., *ep.* 60.
[12]) Plut., *C. Gr.*, 8. Cf. App., *b. c.*, 1, 24.
[13]) Liv., *ep.* 60. Plut., *C. Gr.*, 5.

lex judiciaria, ou du moins une première rédaction beaucoup plus modérée que celle de 122[1]. On sait que le sénat étendait sa juridiction sur toutes les questions financières de la république[2]; il avait ainsi une grande autorité sur les riches propriétaires, et par là même sur tous les citoyens. C. avait essayé d'affaiblir ce moyen d'action par la loi sur l'Asie. De plus le sénat, et c'était la grande raison de son pouvoir, fournissait seul des juges aux tribunaux : l'album du sénat était aussi l'album des juges, non seulement pour les tribunaux civils, mais aussi pour les tribunaux extraordinaires (*quæstiones extraordinariæ*) et pour la *quæstio perpetua* établie en 149. C. voulut faire disparaître ce privilège du sénat, et substituer à une oligarchie de fait une vraie démocratie[3]; avec la démocratie seule il pourrait poursuivre la réalisation de ses réformes, surtout de la loi agraire et des autres lois qui s'y rattachaient. Il crut qu'une demi-mesure suffirait, qu'il atteindrait son but en faisant inscrire sur l'album des juges un nombre de chevaliers égal à celui des sénateurs : l'album comprendrait 300 sénateurs et 300 chevaliers[4]. La proposition eut les sympathies des capitalistes, inquiétés auparavant par plusieurs dispositions de la loi sur l'Asie; mais le sénat fut froissé : on ébranlait une des bases sur lesquelles reposait le gouvernement des nobles. Alors C. voulut punir le sénat qui n'avait pas répondu à ses offres de conciliation, il chercha son appui dans l'ordre des chevaliers. Au début de son second tribunat, il proposa une loi beaucoup plus dure pour le sénat; les sénateurs devaient être exclus des tribunaux, et remplacés par les chevaliers[5]. Le principal argument invoqué par C. fut la corruption des sénateurs, devenue scandaleuse dans les procès récents de L. Aurelius Cotta et de M. Aquillius[6]. Le sénat, pour sauver

---

[1]) App., *b. c.*, 1, 22.

[2]) Pour Polybe (6, 13. 14. 15. 17) la compétence financière du sénat est la cause principale de sa haute situation dans l'État. [N. D. T.]

[3]) Diod., 34, 48. Cf. Plut., *C. Gr.*, 5.

[4]) Plut., *C. Gr.*, 5. Liv., *ep.* 60. parle de 600 chevaliers, mais le passage très confus ne fait pas autorité.

[5]) App., *b. c.*, 1, 22. Diod., 34, 48. Vell., 2, 6. 32. Tac., *Ann.*, 12, 60. Fl., 3, 13. 17. Ps. Ascon., p. 103. 145.

[6]) App., *b. c.*, 1, 22, et voir plus haut, tome II, page 28.

les apparences et déguiser ses inquiétudes, rendit un sénatus-
consulte par lequel il approuvait la proposition de soumettre la
loi au vote populaire[1]. Il croyait pouvoir compter sur le vote
négatif des pauvres, qui n'avaient aucun intérêt à voir les tribunaux exceptionnels et les tribunaux criminels (la loi visait les
deux catégories de *quæstiones*[2]) composés de chevaliers plutôt
que de sénateurs. Les chevaliers comprirent aussitôt les avantages que leur assurait la loi de C. : ils pourraient tirer de plus
gros bénéfices des fermes, donner plus d'extension à leurs
opérations financières dans les provinces, assurés qu'ils seraient
de n'avoir à répondre de leur conduite que devant les juges
choisis dans leur ordre ; puis ils pourraient juger les magistrats[3], aussi ils appuyèrent C. de toutes leurs forces. Cependant
la loi ne passa qu'à quelques voix de majorité[4]. Quand elle fut
votée, C. put se vanter, avec raison, d'avoir brisé le pouvoir
du sénat[5] ; en outre la loi judiciaire mettait aux prises les deux
grands ennemis du peuple, le parti des optimates et l'ordre
des chevaliers[6]. En effet les chevaliers avaient pour les intérêts
des citoyens pauvres la même indifférence que la noblesse. Or
ces deux ennemis allaient s'affaiblir en luttant l'un contre
l'autre avec les armes que leur avaient données C. ; déjà le
plébiscite *reddendorum equorum* avait brouillé les chevaliers
avec le sénat ; la loi judiciaire leur donnait une place officielle
dans l'État, un rang intermédiaire entre la noblesse et le
peuple[7], plus rapproché de la noblesse que du peuple ; de plus
elle les investissait d'un des principaux attributs de la souveraineté[8]. Le sénat allait se mettre en compagne pour reprendre
les fonctions judiciaires, et il montrerait d'autant plus d'ardeur
que les chevaliers allaient eux-mêmes lui fournir des armes,
en exploitant leurs nouvelles fonctions avec une partialité

---

[1]) App., *b. c.*, 1, 22.
[2]) Cic., *Brut.*, 34, 128. Cf. Sall., *Jug.*, 40. 65.
[3]) App., *b. c.*, 1, 22. Flor., 3, 12, 13. Cf. Cic., *in Verr. acc.*, 3, 72,
168.
[4]) Diod., 34. 51.
[5]) App., *b. c.*, 1, 22. Cf. Plut., *C. Gr.*, 5.
[6]) Diod., 34, 51. Cf. 37, 13. Cic., *de Leg.*, 3, 9, 20.
[7]) Plin., *n. h.*, 33, 2, 8, 34.
[8]) App., *b. c.*, 1, 22.

scandaleuse[1]. La république romaine était maintenant un corps à deux têtes[2].

C. fut désigné pour choisir dans l'ordre des chevaliers les personnages qui formeraient l'album des juges[3]. Auparavant le droit de désigner les juges appartenait implicitement aux censeurs chargés de dresser la liste des sénateurs (*lectio senatus*). C., en se faisant désigner pour cette haute fonction, obtint dans la république une situation tout à fait exceptionnelle. Il s'en servit pour aggraver la législation sur les procès de concussion ; son but était double : bien accentuer la dépendance de toutes les magistratures à l'égard des nouveaux juges, et affaiblir sur un autre terrain l'ancienne influence du sénat.

Il chargea son collègue, M. Acilius Glabrio[4], beau-fils de P. Mucius Scevola[5], de présenter une loi dans ce sens. Glabrio proposa une *lex repetundarum*, que nous connaissons par des fragments assez importants d'inscriptions. Elle supprimait la *lex junia repetundarum* (probablement de 126, v. plus haut, page 28, note 6) qui était favorable aux nobles. Nous ne voulons pas donner le détail de la *lex Acilia*[6], ce n'est pas la place ; nous ne voulons en signaler que deux dispositions, elles suffisent pour indiquer l'esprit dans lequel elle était conçue. Le nombre des juges pour les procès de concussion, ne devait être que de 450 : les sénateurs, les pères et les fils de sénateur en étaient exclus[7]. Quand l'accusation réussissait, si l'accusateur était un Latin ou un étranger, il recevait le titre de citoyen romain ; s'il le refusait, on lui assurait, en vertu de la *Rogatio fulvia*, le droit d'appel, c'est-à-dire la protection des lois *Valeria* et *Porcia*[8].

---

[1]) App., *b. c.*, 1, 22. Flor., 3, 12.13. 17. Cicéron présente les faits sous un aspect favorable aux chevaliers, *in Verr. acc.*, 1, 13, 28.

[2]) Flor., 3, 17.

[3]) Plut., *C. Gr.*, 6.

[4]) Ps. Ascon., p. 149. 165.

[5]) Cic., *in Verr. act.*, 1, 17, 52. Ps. Ascon., p. 149. Cic., *Brut.*, 68, 239.

[6]) Cic., *in Verr. act.*, 1, 17, 51. *Accus.*, 1, 9, 26. La loi *Acilia* est aussi appelée *lex Servilia*. I. L. A., p. 49.

[7]) *Lex rep.*, 17. I. L. A., p. 59.

[8]) *Lex rep.*, 76-79. 83 et seq. I. L. A., p. 62. 63.

C. Gracchus proposa lui-même la loi *de provinciis consularibus*. Le sénat avait le droit de faire la répartition des provinces, de désigner celles qui seraient consulaires, celles qui seraient prétoriennes; selon que les consuls désignés avaient plus ou moins ses bonnes grâces, il plaçait dans la première catégorie des provinces plus ou moins avantageuses. Les consuls étaient donc dans une grande dépendance à l'égard du sénat. Or C. voulait que les consuls fussent indépendants; il voulait que, sans avoir à s'inquiéter des faveurs sénatoriales, ils pussent prendre énergiquement en main la direction de la démocratie et la défence des intérêts populaires. Il résolut donc d'enlever au sénat l'influence qu'il conservait sur les consuls par le droit de disposer des provinces; il proposa de déterminer tous les ans les provinces consulaires avant les élections, avant que l'on connût les personnages qui seraient consuls[1]. Puis, pour mettre à l'abri de toute intrigue les décrets sénatoriaux, C. inscrivit dans la loi que l'intercession tribunitienne ne pourrait les atteindre[2]. La loi était modérée, le sénat pouvait même la tourner, en prorogeant les pouvoirs d'un proconsul, quand il ne voulait pas donner telle ou telle province à un consul[3]. C'est la meilleure preuve que l'on puisse invoquer pour établir que C. ne voulait pas ruiner le gouvernement de Rome pour assurer le règne de l'anarchie démocratique. Comme dans son premier projet de loi judiciaire, il se contentait du strict nécessaire. S'il avait voulu l'annulation du sénat, il n'avait qu'une chose à faire, confier la répartition des provinces aux tribuns et aux assemblées de la plèbe. Son but n'était pas de supprimer le sénat, il voulait seulement l'affaiblir dans la mesure exigée pour l'exécution de la loi agraire; puis à côté du sénat il voulait assurer aux consuls une indépendance absolue, et les amener à s'appuyer sur les tribuns et les chevaliers, au lieu de se traîner à la remorque du sénat. Quand Cicéron adresse de si pompeux éloges aux réformes de C. Gracchus, il a en vue les deux lois,

---

1) Cic., *de Prov. cons.* 2, 3. *de Dom.*, 9, 24. Sall., *Jug.*, 27.
2) Cic., *de Prov. cons.*, 7, 17.
3) Cic., *Balb.*, 27, 61. *ad Fam.*, 1, 7, 10.

de Provincia Asia a censoribus locanda et *de Provinciis consularibus* [1].

C. crut le moment arrivé de tenter la grande réforme qu'il
avait déjà en vue quand il avait proposé la loi agraire, les lois
sur les colonies et la loi Acilia. Une réforme radicale était
nécessaire, il fallait un remède énergique pour ramener à la
santé une société qui allait entraîner l'État dans sa ruine. C.
crut nécessaire de faire disparaître les inégalités de conditions, que la loi avait établies entre les citoyens, les Latins et
les alliés. Il proposa la *lex de Sociis* : elle allait beaucoup plus
loin que la proposition *Fulvia* de 125 : les Latins devaient
avoir le droit de cité complet (*civitas*), les alliés le *jus latinum*,
mais modifié à leur avantage ; il leur suffirait de déclarer leur
intention de s'établir à Rome pour être investis immédiatement
du droit de suffrage, sans qu'ils fussent tenus d'attendre leur
inscription sur les listes de citoyens [2]. Autant dire que le
droit de cité allait être donné à tous les Italiens jusqu'à la
frontière des Alpes [3]. Pour défendre sa proposition, C. rappela
la conduite honteuse des magistrats, et même de certains
nobles sans emploi à l'égard des alliés après le vote de la loi
Claudia de sociis [4].

En même temps fut présentée la loi *Acilia Rubria*. Nous
n'en connaissons qu'une seule disposition : elle autorisait les
étrangers à prendre part au culte de Jupiter Capitolin [5]. Ce
culte était depuis Tarquin l'Ancien le symbole religieux de
l'unité politique ; C. dut pousser ses collègues les tribuns à
modifier l'organisation antique dans le sens de la loi *sempronia de sociis* : les nouveaux citoyens devaient avoir part au
culte symbolique de la patrie agrandie.

Pour décider les citoyens de Rome et des environs à laisser
les Latins et les Italiens exercer leur droit de suffrage, le
tribun imagina un nouveau système de vote, plus démocratique, pour les comices centuriates ; il proposa une loi : *ut ex*

---

[1] Cic., *de Leg. agr.*, 2, 5, 10.
[2] App., *b. c.*, 1, 23. 34. Plut., *C. Gr.*, 5. 8. 9.
[3] Vell., 2, 6. Cf. Plut., *C. Gr.*, 5.
[4] Gell., 10, 3.
[5] *Senatus consultum de Astyp.* Bœckh., *C. I.*, vol. II, p. 384, n° 2485.

confusis quinque classibus sorte centuriæ vocarentur[1]. Le plan de C. n'est pas très bien connu ; ou bien on devait diviser, au moyen du sort, les 350 centuries de fantassins en 5 groupes de chacun 70 centuries ; ou bien chaque groupe (de 70 centuries) devait voter selon l'ordre que fixerait un tirage au sort. Par sa loi C. voulait rendre les élections consulaires plus démocratiques ; les consuls ainsi élus travailleraient à l'exécution des réformes.

Malgré toutes les précautions prises (*lex Rubria Acilia*, *lex de Suffragiis*), la *lex de sociis* excita la jalousie des citoyens de Rome ; remplis d'égoïsme, ils ne voulaient pas partager avec les Italiens un titre qui leur assurait tant de privilèges. Le consul C. Fannius Strabo, élu grâce à C. Gracchus, prétendit qu'il avait approuvé la loi agraire, mais qu'il ne pouvait adopter les autres réformes ; il prononça un discours *de sociis et nomine latino*[2], que l'on vantait encore au temps de Cicéron. Il lui fut facile de trouver des arguments décisifs : les Latins prendraient place à côté des citoyens dans les assemblées, dans les jeux et dans les fêtes[3] ; il faudrait partager tous les avantages avec les nouveaux citoyens, les privilèges des anciens maîtres de Rome seraient donc considérablement diminués. Des nobles combattirent aussi la loi, M. Æmilius Scaurus[4], probablement L. Cæcilius Metellus Diadematus[5], fils du Macedonicus, L. Furius Philus[6], et M. Plautius Hypsæus[7]. C. dut répondre à tous. On peut, sans crainte d'erreur, placer à l'époque des luttes ardentes livrées autour de la *lex de sociis*, les discours nombreux de C. adressés à ces différents personnages. C. espérait sans doute faire triompher sa loi avec les votes des Latins alors à Rome ; le sénat lui enleva cet espoir ; s'appuyant sur la loi *junia*, il chargea les consuls de chasser de Rome tous les Latins qui

---

[1]) Sall., *de Rep. ord.*, 2, 8.
[2]) Cic., *Brut.*, 26, 99. *de Or.*, 3, 47, 183. Charis., p. 143 K.
[3]) Sall., *Vict.*, p. 402 Halm.
[4]) Cic., *Sest.*, 47, 101.
[5]) Diom., p. 311 K.
[6]) Diom., p. 401 K — ou bien Furnius ?
[7]) Val. Max., 9, 5, ext. 4.

n'avaient pas le droit de suffrage ; ils devaient s'éloigner à au moins un mille de la cité [1]. Un autre obstacle se présenta bien plus difficile à surmonter : la noblesse gagna un collègue de C., le tribun M. Livius Drusus, fils du consul de 147 [2]. Il s'engagea à faire opposition à la loi sur les alliés [3], et présenta trois propositions favorables au peuple ; elles étaient destinées à montrer que lui seul et le sénat étaient les vrais défenseurs des intérêts des citoyens.

La première *rogatio Livia*, conçue dans l'esprit des *leges porciæ*, limitait les droits des magistrats romains sur la personne des Latins : quand ces derniers seraient à l'armée, il serait interdit de les faire mourir en les frappant de verges (*necare verberibus*) et même de les frapper (*verberare*) [4]. Ce n'était certainement pas un avantage nouveau assuré aux Latins en outre de ceux que leur accordait la loi Sempronia, comme le pense Plutarque ; on leur donnait cette légère faveur parce qu'elle ne portait pas préjudice aux intérêts matériels des citoyens, et parce qu'elle répondait à un article de la loi *Fulvia*, et à un autre de la loi *Acilia*, celui qui promettait aux Latins le droit d'appel dans le cas où ils refuseraient le droit de cité. Il est facile de comprendre que les citoyens auraient préféré reconnaître aux Latins la protection du droit d'appel, plutôt que de leur laisser les privilèges utiles de la cité.

La deuxième *rogatio livia* fut un amendement à la loi agraire ; Drusus demandait la suppression de l'impôt exigé de ceux qui avaient reçu des assignations : c'était une perte sensible pour le trésor, mais les citoyens devaient être satisfaits [5].

La troisième s'occupait des colonies, elle s'appuyait sur le sénatus-consulte dont s'était servi C. pendant son premier tribunat. C. Gracchus et Rubrius s'étaient contentés de fonder trois ou quatre colonies, Drusus proposa d'en fonder douze

---

[1] App., *b. c.*, 1, 23.
[2] App., *b. c.*, 1, 23. Plut., *C. Gr.*, 8.
[3] App., *b. c.*, 1, 23.
[4] Plut., *C Gr.*, 9.
[5] Plut., *C. Gr.*, 9. Cf. App., *b. c.*, 1, 23.

nouvelles, ou douze en tout ; chacune serait de 3,000 citoyens[1]. Les pauvres aimeraient beaucoup mieux être secourus avec une si grande générosité, que d'attendre indéfiniment les assignations promises par C.

C. dut opposer son intercession aux propositions de Drusus ; du reste Drusus ne paraît les avoir soutenues que dans le seul but de dépopulariser C. Gracchus[2] ; il poussa le peuple à se défier de lui[3], et le ramena peu à peu vers le sénat[4]. Il ne manqua pas de discréditer son collègue en insistant sur ses goûts pour la prodigalité[5], et trouva une preuve de son désir d'arriver à exercer seul le pouvoir dans ce fait qu'il avait lui-même, contrairement aux lois Licinia et Æbutia, dirigé l'exécution de lois proposées par lui. Drusus ajoutait qu'il se garderait bien de revendiquer à son tour un pareil privilège[6].

Ainsi L. Drusus se faisait le défenseur (*patronus*) du sénat[7], et se posait en sauveur venant guérir les blessures que C. avait faites à la constitution[8]. C. ne put faire voter ses dernières propositions, Livius du reste opposa son intercession ; une seule loi, la *lex Rubria Acilia*, peu importante d'ailleurs, fut adoptée. Après cela C. dut quitter Rome pour aller fonder la colonie de Carthage en qualité de *triumvir coloniæ deducendæ*[9]. C. n'avait pas le droit de sortir de Rome en vertu de ses fonctions tribunitiennes ; mais il avait commis la faute de laisser poser sa candidature au triumvirat lors des élections, et, par point d'honneur, il ne pouvait plus se dérober. On ne sait, vu les contradictions des sources[10], si M. Fulvius Flaccus l'accompagna, ou s'il resta à Rome. C. fonda la colonie et lui donna le nom de *Junonia*[11] ; il déploya une grande énergie ;

[1]) Plut., *C. Gr.*, 9. App., *b. c.*, 1, 23.
[2]) Cf. App., *b. c.*, 1, 35. Diod., 37, 18. Cic., *Brut.*, 28, 109.
[3]) App., *b. c.*, 1, 23.
[4]) Plut.. *C. Gr.*, 8. 9.
[5]) Plut., *Ti. Gr.*, 2. Plin., *n. h.*, 33, 11, 53, 147.
[6]) Plut., *C. Gr.*, 10.
[7]) Suet., *Tib.*, 3
[8]) Cic., *de Fin.*, 4, 24, 66.
[9]) Plut., *C. Gr.*, 10. App., *b. c.*, 1, 24. Liv., *ep.*, 60.
[10]) App., *b. c.*, 1, 24. Plut., *C. Gr.*, 10. 11.
[11]) Plut , *C. Gr.*, 11. Solin., 27.

pour reconquérir sa popularité, il augmenta le nombre et l'étendue des lots : il y eut 6,000 lots [1], et chacun fut probablement de 200 jugères [2]. C. resta éloigné de Rome pendant soixante jours seulement [3] ; mais Livius profita de son absence, et quand l'illustre tribun revint à Rome, il trouva l'opinion complètement changée ; les nobles étaient devenus populaires. En vain il essaya de vanter la colonie *Junonia*, les citoyens ne se présentèrent pas en nombre suffisant pour assurer le peuplement, il fallut y envoyer les Latins et des alliés en grand nombre [4]. Les adversaires de C. exploitèrent les souvenirs historiques : le sol de Carthage, dirent-ils, avait été maudit par Scipion [5] ; ils annoncèrent ensuite, sur les témoignages reçus de Carthage, que les présages et les prodiges avaient été défavorables à l'établissement de la colonie [6].

C. n'abandonna pas ses deux lois *de Sociis* et *de Suffragiis*, il espérait les faire réussir au moyen de la basse plèbe (*infima plebs*) et des Latins. Il abandonna sa maison du Palatin, et vint se fixer près du Forum au milieu de la population la plus malheureuse ; il invita les Latins à le soutenir au jour du vote. Mais C. Fannius, s'appuyant sur le sénatus-consulte dont il a été question plus haut, chassa les Latins de Rome ; ce fut en vain que C. promit par un édit sa protection tribunitienne à ceux qui désobéiraient à l'ordre du consul [7] ; C. dut renoncer à faire passer ses deux lois.

Il n'avait plus qu'un espoir, se faire réélire tribun pour la troisième fois ; mais tous ses moyens d'action sur le peuple étaient épuisés. Il voulut encore essayer une dernière tentative ; il fit démolir les stalles réservées pour les magistrats aux combats de gladiateurs, afin de donner de meilleures places au peuple ; le résultat fut d'aliéner ceux de ses col-

---

[1]) App., *b. c.*, 1, 24. Lib., 136
[2]) *Lex agr.*, 59. 60. I. L. A., p. 83.
[3]) Plut., *C. Gr.*, 11.
[4]) App., *b. c*, 1, 24.
[5]) App., *b. c.*, 1, 24. Cf. Lib., 135. Cic., *de Leg agr.*, 1, 2, 5. 2, 19, 51. Zon., 9, 30.
[6]) App., *b. c*, 1, 24. Plut., *C. Gr.*, 11. Oros., 5, 12. Obseq., 33.
[7]) Plut., *C. Gr.*, 12.

lègues qui l'avaient soutenu jusque-là[1]. C. Gracchus ne fut pas réélu, et on nomma consul son ennemi personnel, L. Opimius, dont il avait fait échouer l'élection aux derniers comices[2].

[1] Plut., *C. Gr.*, 12.
[2] Plut., *C. Gr.*, 11. 12.

CHAPITRE QUATRIEME

La réaction commença par les attaques dirigées contre la
colonie Junonia de Carthage. Les pontifes déclarèrent que les
présages avaient été contraires, et qu'au point de vue religieux
l'acte de fondation était nul. Le sénat décida qu'elle devait
être supprimée [1] ; un des nouveaux tribuns, M. Minucius Rufus,
se chargea de porter la proposition devant le peuple, en même
temps que d'autres propositions demandant la suppression, en
totalité ou en partie, des lois semproniennes [2]. C. Gracchus
combattit la *lex minucia* dans les assemblées préparatoires
(*conciones*) [3], et parla aussi contre Mœnius, qui était probablement un collègue de Minucius, ayant les mêmes idées politiques [4]. On attendit que L. Opimius fût consul pour faire
voter le peuple ; C. ne se fit aucune illusion, et comprit qu'on
ne pourrait empêcher l'adoption de la loi que par la force. Il
ne voulait pas y recourir, il refusa même de se rendre à l'assemblée et chargea M. Furius Flaccus de combattre la loi ; mais
il arriva que, par méprise, les partisans armés de C. tuèrent [5]
Anhyllus, le héraut du consul L. Opimius [6]. L'assemblée se dis-
persa ; C. parut sur le forum, et le peuple se rassembla de nouveau pour l'entendre [7]. Le sénat s'appuya sur ce fait pour lui re-

---

[1] App., *b. c.*, 1, 24.
[2] Flor., 3, 15. Aur. Vict., *Vir. ill.*, 65. Oros., 5, 12.
[3] Fest., p. 201.
[4] Isid., *Orig.*, 19, 32, 4.
[5] App., *b. c.*, 1, 25. Plut., *C. Gr.*, 1. 13. Diod., *in Hist. gr. fr.*, vol. II,
p. XXI.
[6] Oros., 5, 12. Aur., Vict., *Vir. ill.*, 65.
[7] App., *b. c.*, 1, 25.

procher d'avoir, en qualité de triumvir[1], soustrait l'assemblée du
peuple à la direction des tribuns[2]. La nuit suivante C. Gracchus
et M. Fulvius Flaccus se firent garder chez eux par des gens
armés ; la même nuit le consul Opimius fit occuper le Capitole
par des gens également armés, et convoqua le sénat dans le
temple de Castor pour le matin. Le sénat invita C. et Flaccus
à venir se justifier, ils ne comparurent pas ; il s'étaient reti-
rés sur l'Aventin avec leurs partisans, et s'étaient retranchés
dans le temple de Diane[3]. Le sénat, probablement sur la demande de M. Æmilius Scaurus[4], chargea par un sénatus-consulte (*senatus consultum ultimum*) spécial le consul Opimius de
prendre les mesures nécessaires pour sauver l'État: *videret
ne quid respublica detrimenti caperet*[5]. Bien loin d'imiter
P. Mucius Scévola, L. Opimius suivit l'exemple de P. Cornelius
Scipion Nasica[6] ; il repoussa par deux fois les fils de Flaccus
qui se présentaient pour négocier[7], et fit attaquer les insurgés.
Des sénateurs illustres prirent part au combat, D. Junius Bru-
tus[8], Q. Cœcilius Metellus Macedonicus[9], et le prince du
Sénat, P. Cornelius Lentulus[10]. M. Fulvius Flaccus et son fils
aîné furent égorgés dans les bains où ils s'étaient réfugiés[11].
Les amis de C. Gracchus l'empêchèrent de se donner la mort[12],
il s'enfuit par le pont Sublicius dans le bois des Furies[13], où il se
fit donner la mort par un de ses esclaves[14]. Opimius se fit livrer

[1]) Sall., *Jug.*, 42.
[2]) Aur. Vict., *Vir. ill.*, 65.
[3]) App., *b. c.*, 1, 26. Plut., *C. Gr.*, 15. Liv., *ep.*, 61. Aurel. Vict., *Vir.
ill.*, 65. Oros., 5, 12.
[4]) Aur. Vict., *Vir. ill.*, 72.
[5]) Cic., *Cat.*, 1, 2, 4. Plut., *C. Gr.*, 14. 18. Cic., *Phil.*, 8, 4, 14. Liv.,
ep., 61.
[6]) Val. Max., 2, 8, 7.
[7]) App., *b. c.*, 1, 26. Plut., *C. Gr.*, 16.
[8]) Oros., 5, 12.
[9]) Cic., *Phil.*, 8, 4, 14.
[10]) Cic., *Phil.*, 8, 4, 14. *Cat.*, 4, 6, 13.
[11]) Plut., *C. Gr.*, 16. App., *b. c.*, 1, 26. Oros., 5, 12. Vell., 2, 6. Cic.,
Cat., 4, 6, 13. Schol. Gron., p. 413. Sall., *Jug.*, 42.
[12]) Plut., *C. Gr.*, 16.
[13]) Aur. Vict., *Vir. ill.*, 65. Cic., *Nat. deor.*, 3, 18, 46.
[14]) App., *b. c.*, 1, 26. Plut., *C. Gr.*, 17. Oros., 5, 12. Vell., 2, 6. Val.
Max., 4, 7, 2. 6, 8, 3.

la tête de C. pour son pesant d'or [1]; le tronc du cadavre fut jeté dans le fleuve [2], 250 personnes périrent avec C. Gracchus et Flaccus [3]; le sénat défendit à leurs femmes de porter le deuil [4].

Le parti sénatorial se partagea les dépouilles de la guerre civile. On confisqua les biens de C. et de Flaccus [5], on rasa leurs maisons jusqu'à la base [6]. En vertu de son autorité pour ainsi dire dictatoriale [7], L. Opimius fit condamner 3,000 partisans de C. Gracchus, parmi eux le plus jeune fils de Flaccus qui était absolument innocent [8]. La vengeance alla si loin, que le peuple finit par avoir honte de ce qui se passait; son mépris pour le parti vainqueur fut grand quand il vit Opimius décréter que la ville serait purifiée, qu'il y aurait une fête en l'honneur de la réconciliation des ordres, et que, suivant les exemples anciens [9], on élèverait un temple à la Concorde [10]. Opimius voulut encore éterniser sa gloire, en construisant une *basilica opimia* [11].

Cependant il fallut garder quelque mesure et montrer de la circonspection. Le peuple témoignait hautement son affection pour les Gracques, il leur élevait des statues, considérait comme sacrés les endroits où ils avaient trouvé la mort, et déjà y offrait des sacrifices [12]. La colonie de Carthage fut, paraît-il, supprimée, la loi Minucia ayant été votée [13], 'mais les assignations faites auparavant furent respectées [14]. Bien que la colo-

---

[1]) Plut., *C. Gr.*, 17. Diod., 34, 55. Plin., *n. h.*, 33, 3, 14, 48. Vell., 2, 6. Val. Max., 9, 4, 3. Flor., 3, 15. Aurel. Vict., *Vir. ill.*, 65.

[2]) Plut., *C. Gr.*, 17. Vell., 2, 6. Val. Max., 6, 3, 1. Oros., 5, 12 donne une autre version.

[3]) Oros., 5, 12. Plut., *C. Gr.*, 17 parle de plus de 3,000 victimes.

[4]) Plut., *C. Gr.*, 17.

[5]) Plut., *C. Gr.*, 17. Oros., 5, 12.

[6]) App., *b. c.*, 1, 26. Val. Max., 6, 3, 1. Cic., *de Dom.*, 38, 102. 43, 114.

[7]) Plut., *C. Gr.*, 18.

[8]) Oros., 5, 12. Plut., *C. Gr.*, 17. App., *b. c.*, 1, 26. Liv., *ep.*, 61. Vell., 2, 7. Val. Max., 9, 12, 6. Cic., *Cat.*, 4, 6, 13. *Phil.*, 8, 4, 14. Sall., *Jug.*, 16. 31. 42.

[9]) Voir tome I, pages 228, 329.

[10]) App., *b. c.*, 1, 26. Plut., *C. Gr.*, 17.

[11]) Varr.. *l. l.*, 5, 156. I. L.A., p. 229.

[12]) Plut., *C. Gr.*, 18.

[13]) *Lex agr.*, 59. I. L. A., p. 83.

[14]) App., *Lib.*, 139. Solin., 27. *Lex agr.*, 59.

nie Neptunia de Tarente n'ait pas été dissoute par une loi [1], la ville de Tarente resta une ville grecque avec sa constitution grecque [2]. La colonie de Capoue ne fut pas établie. Il est possible que tous ces changements dans les dispositions de la loi Sempronia aient été sanctionnés par les *leges minuciæ*. Une seule des colonies fondées sous le tribunat de C. fut maintenue, la colonie *Minervia* de Scylacium [3]. Quant aux colonies demandées par Livius Drusus, elles ne furent pas soumises au vote de l'assemblée populaire; il n'en fut plus question [4].

Quant à la loi agraire, on se contenta de supprimer une de ses principales dispositions, celle qui interdisait aux citoyens mis en possession d'un lot, de l'aliéner [5]. Beaucoup des nouveaux propriétaires furent très heureux de cette mesure, les riches purent reconstituer et agrandir leurs *latifundia*. Nous ne savons pas si l'exemption d'impôts, — c'était l'objet de la deuxième rogatio livia, — fut assurée par une loi. Dans tous les cas la permission de vendre suffisait pour ruiner dans son esprit la loi de C. Gracchus: la reconstitution d'une classe agricole libre était désormais impossible.

Nous ne savons pas non plus qui remplaça C. et Flaccus dans le triumvirat agraire. Le triumvir survivant, C. Papirius Carbo fut nommé consul pour 120 sous le consulat de L. Opimius, mais on ne peut considérer cette élection comme une victoire du parti favorable aux Gracques. Depuis son tribunat Carbo avait abandonné le parti des réformateurs, s'était abstenu dans les luttes des derniers temps, et avait certainement donné des garanties au parti des nobles. Il alla plus loin, quand vint devant le peuple le procès intenté à L. Opimius par le tribun Q. Decius [6] pour violation de la loi *Sempronia de capite civis romani* — c'était un procès de haute trahison (*perduellio*). — Carbo prit la défense de l'ancien consul ;

[1]) Vell., 1, 15.
[2]) Cic., *Arch.*, 3, 5.
[3]) Vell., 1, 15.
[4]) App., *b. c.*, 1, 35.
[5]) App., *b. c.*, 1, 27.
[6]) Liv., *ep.*, 61. Cic., *part. Or.*, 30, 106. *de Or.*, 2, 30, 132.

il alla jusqu'à dire que le meurtre de C. avait été légal, que la
mort de C. avait été ordonnée pour le salut de la République[1]. L. Opimius fut acquitté[2]; le succès encouragea les
partisans du sénat : un tribun dévoué aux nobles, L. Calpurnius Bestia osa proposer de rappeler de l'exil P. Popillius
Lœnas[3], condamné pour un fait pareil à celui que l'on venait
de reprocher à L. Opimius. La proposition fut encore adoptée.
Il devient alors difficile d'admettre que l'on ait voulu donner
une légère satisfaction au peuple, en imposant un exil déguisé
sous forme de mission libre (*legatio libera*) en Sicile[4] au prince
du sénat, P. Cornelius Lentulus, qui avait été un des plus
ardents à combattre C. Gracchus. Lentulus alla en Sicile pour
guérir les blessures qu'il avait reçues pendant le combat[5];
elles étaient assez graves, puisqu'il en mourut peu après.

En 119, le parti démocratique recommença à grouper
ses forces en vue d'une lutte nouvelle. C. Marius venait d'être
nommé tribun grâce à la protection de Q. Cæcilius Metellus;
la loi Sempronia de Suffragiis n'ayant pas même été présentée à l'acceptation du peuple, Marius voulut d'abord
s'occuper de rendre plus difficile l'action des nobles sur leurs
clients : il proposa de rétrécir les passages (*pontes*) qui conduisaient au lieu du vote, espérant garantir par là la sincérité des
suffrages[6]. Les consuls L. Aurelius Cotta et L. Cæcilius
Metellus Dalmaticus firent une violente opposition. Marius
dut menacer de les faire appréhender, s'ils ne faisaient voter
immédiatement le sénatus-consulte nécessaire pour porter la
loi devant le peuple; la loi *Maria de suffragiis ferendis* fut
votée, mais c'était une bien faible victoire pour le parti
démocratique. Du reste C. Marius ne soutint pas d'une
manière constante le parti populaire; il ne voulut pas laisser
passer une loi frumentaire inspirée de celle de C. et proposée

---

[1] Cic., *de Or.*, 2, 25, 106. 39, 165. 40, 169.
[2] Cic., *Brut.*, 34, 128. *Sest.*, 67, 140.
[3] Cic., *Brut.*, 34, 128. *de Dom.*, 32, 87. *P. red.*, *in Sen.*, 15, 37. 38.
Ad Quir., 3, 6. 4, 9. 10. Schol. Bobb., p. 347.
[4] Val. Max., 5, 3, 2.
[5] Cic., *Phil.*, 8, 4, 14. *Cat.*, 4, 6, 13.
[6] Plut., *Mar.*, 4. Cic., *de Leg.*, 3, 17, 38.

par un de ses collègues[1]. Cependant il ne voulut pas, ce qui d'ailleurs eût été impossible, s'opposer à ce que C. Papirius Carbo reçût enfin la récompense justement méritée de ses palinodies politiques[2]. Le jeune L. Licinius Crassus, le futur orateur, alors âgé de vingt et un ans, l'accusa d'avoir pris part aux agitations causées par les Gracques[3]; Carbo s'exila[4] ou se donna la mort[5].

La noblesse se montra aussi plus énergique, elle se crut assez forte pour porter un nouveau coup à la loi agraire. Quinze ans après Ti. Gracchus, par conséquent en 118, le tribun Sp. Thorius proposa de suspendre les assignations, de laisser l'ager publicus aux possesseurs, en maintenant l'ancienne redevance (*vectigal*) dont le produit serait réparti entre les pauvres[6]. Le peuple fut très satisfait, les distributions d'argent lui paraissant plus utiles que des terres. La loi Sempronia était dès lors abolie, il n'y aurait plus de Tresviri agrarii, partant plus de juges pour déterminer les propriétés de l'État et celles des particuliers[7].

Une conséquence de la loi Thoria fut l'établissement d'une colonie de citoyens hors de l'Italie, dans la région de la Gaule transalpine que l'on venait de soumettre; maintenant que le peuple ne pouvait plus compter sur des assignations, on lui offrait comme compensation d'aller s'établir en Gaule. Déjà, en 122, le proconsul C. Sextius Calvinus avait construit un poste militaire à Aquæ Sextiæ[8] pour assurer la domination romaine dans cette région si importante de la Gaule, par laquelle on devait établir les communications entre l'Italie et l'Espagne; on sait que la conquête avait commencé en 125[9]. Une fraction du Sénat combattit le projet de la colo-

---

1) Plut., *Mar*., 4.
2) Cic., *de Leg*., 3, 16, 35.
3) Cic., *Brut*., 43, 159. *de Or*., 1, 10, 40. 2, 40, 170. 3, 20, 74. *In Verr. accus*., 3, 1, 3. Val. Max., 6, 5, 6. Tac. *Dial*, 34.
4) Val. Max., 3, 7, 6.
5) Cic., *Brut*., 27, 103. *Fam*., 9, 21, 3.
6) App., *b. c*., 1, 27. Cic., *Brut*., 36, 136. *de Or*., 2. 70, 284.
7) App., *b. c*., 1, 27.
8) Strab., 4, 1, 5. Liv., *ep*., 61. Cassiod., *a*., 632.
9) Liv., *ep*., 61. 62. Oros., 5, 13. 14. Diod., 34, 46. Strab., 4, 2, 3. App.,

nie[1]; elle fut votée cependant, dédiée au dieu Mars et sur-
nommée *Narbo Martius*[2]. L. Licinius Crassus, qui avait défendu
la loi, fut chargé d'aller fonder (*deducere*) la colonie[3]. Elle
donna son nom à la province qui s'appela désormais *Gallia
Narbonensis*.

La loi *Porcia*, présentée par le consul de 118, M. Porcius
Caton, petit-fils de Caton l'ancien, devait avoir aussi pour but,
si tant est qu'elle fût une *lex fenebris*, de soulager les plus
malheureux des citoyens romains. La loi déplut à la noblesse,
et, avant de partir pour l'Afrique où il mourut comme proconsul[4], Caton fut obligé de la défendre contre les nobles qui
voulaient l'abroger[5].

Les censeurs de cette époque paraissent aussi ralliés au
parti des nobles, dont ils servent la cause. Nous ne savons
rien des censeurs de 120, Q. Cœcilius Metellus Baliaricus,
l'aîné des fils du Macédonien[6]; et L. Calpurnius Frugi[7] qui
fut plus probablement le censeur de 120 que Q. Fabius
Maximus Servilianus[8]. Ceux de 115 furent L. Cæcilius Metellus, neveu du Macédonien[9], et Cn. Domitius Ahenobarbus, le
consul de 122 qui avait fait la guerre en Gaule[10]; ils chassèrent
32 membres du sénat[11]. Pour expliquer une pareille sévérité
tout à fait inattendue, il faut remarquer que les 32 sénateurs
furent chassés moins à cause de leurs mœurs qu'à cause de
leurs sympathies pour le peuple; parmi eux se trouvait le

Cell., 12. Val. Max., 9, 6, 3. 6, 9, 4. Flor., 3, 2. Plin., *n. h.*, 7, 50,
166. Vell., 2, 10.
 [1]) Cic., *Cluent*, 51, 140.
 [2]) Vell., 1, 15. Eutrop., 4, 23. Cic., *Font.*, 1, 3.
 [3]) Cic., *Brut.*, 43. 160. *de Or.*, 2, 55, 223. *Cluent.*, 51, 140. Quint., 6,
3, 44.
 [4]) Gell., 13, 19.
 [5]) Prisc., 3, p. 90 H.
 [6]) Cf. Val. Max., 7, 1, 1. Cic., *Fin.*, 5, 27, 82. Vell., 1, 11. Plin., *n. h.*,
7, 44, 142.
 [7]) Cf. Dion., 2, 38. 39. Plin., *n. h.*, 13, 27, 87. Censor , 17, 11.
 [8]) Cl. Val. Max., 6, 1, 5. Oros., 5, 16.
 [9]) Liv., *ep.* 62. App., *Illyr.*, 11. Ps. Ascon., p. 199. *Fast. triomph.*,
I. L. A., p. 460, surnommé *Dalmaticus*, il avait conquis la Dalmatie.
 [10]) Liv., *ep*, 61.
 [11]) Liv., *ep.* 62.

consul de 116, C. Licinius Geta, qui, malgré cette flétrissure, fut plus tard censeur[1]. Les mêmes censeurs s'occupèrent aussi de la moralité populaire, ils défendirent les spectacles nouveaux[2]. Ils poussèrent encore le consul M. Æmilius Scaurus, sorti d'une famille patricienne ruinée[3], à faire une loi somptuaire; elle entrait dans les moindres détails sur les repas[4], elle fut si désagréable aux nobles habitués au luxe, que M. Æmilius Lepidus Porcina proposa bientôt de la supprimer[5]. M. Æmilius Scaurus fit aussi, probablement sur la demande des censeurs, une loi *de Libertinorum suffragiis* : partisan déclaré de la noblesse[6], ennemi du peuple[7], il classa le plus d'affranchis possible dans les quatre tribus urbaines[8]. Les censeurs de 115 ne firent rien naturellement dans le sens des réformes des Gracques; les baux qu'ils signèrent sont mentionnés dans la loi agraire de 111[9]; le nombre des citoyens resta sensiblement le même : 394,336[10]. Ils nommèrent prince du sénat, à la place de P. Cornelius Lentulus, M. Æmilius Scaurus[11], qui conserva cette haute fonction jusqu'à sa mort en 89[12]. Il avait la réputation d'être l'homme d'État le plus méritant et le plus expérimenté de son temps[13].

Quel était l'état moral de la noblesse? Excellent si l'on en juge par quelques familles, celle de Q. Cæcilius Metellus

[1] Cic., *Cluent.*, 42, 119. Val. Max., 2, 9, 9.

[2] Cassiod., *a.*, 639.

[3] Plut., *de fort. Rom.*, 4. Cic., *Mur.*, 7, 16. Ascon. p. 22. Val. Max., 4, 4, 11.

[4] Aur. Vict., *Vir. ill.*, 72, Gell., 2, 24, 12. Plin., *n. h.*, 8, 57, 82, 223, Macrobe, *Saty.*, 3, 17, 13 = 2, 13, 13 l'attribue faussement au second M. Æm. Lepidus de 78.

[5] Prisc., 9, p. 474 H.

[6] Cic., *Brut.*, 29. 30. *de Or.*, 1, 49, 214.

[7] Cic., *Sest.*, 47, 101.

[8] Aur. Vict., *Vir. ill.*, 72.

[9] *Lex agr.*, 88. I. L. A., p. 76.

[10] Liv., *ep.* 63.

[11] Cf. Sall., *Jug.*, 25.

[12] Val. Max., 8, 5, 2. 3. Cic., *de Or.*, 2, 47, 197. *Sest.*, 17, 39. *Rab. perd.*, 7, 21. Ascon., p. 22. 27.

[13] Cic., *de Or.*, 1, 49, 214. *Font.*, 7, 14. *de Off.*, 1, 22, 76.

Macedonicus[1] par exemple; il mourut à cette époque, laissant quatre fils, dont trois avaient obtenu le consulat de son vivant, un avait été de plus censeur (le Baliaricus), et le quatrième (Caprarius) avait été préteur. L'exemple de quelques familles restées fidèles aux traditions ne doit pas nous faire illusion; la noblesse était profondément corrompue, les procès de l'époque en témoignent. Il faut citer surtout les accusations de brigue (*ambitus*) que se renvoient M. Æmilius Scaurus, et Rutilius Rufus[2], qui n'avait pu se faire nommer consul; le procès de Scaurus avec le préteur P. Decius[3]; et surtout l'action infamante qui dut être intentée contre les Vestales par le grand pontife, L. Cæcilius Metellus Dalmaticus, le neveu du Macédonien (114). Le procès révéla que trois vestales entretenaient depuis longtemps déjà des relations coupables avec des chevaliers[4]. Une seule, Æmilia, fut condamnée par le grand pontife; les deux autres, Marcia et Licinia furent acquittées[5]. Le tribun Sex. Peducæus profita de ces révélations pour demander l'année suivante l'établissement d'un tribunal extraordinaire[6]; ce fut l'objet de la *rogatio de incestu*[7]. L. Cassius Longinus fut nommé président (*quæsitor*) de ce tribunal; il montra une grande sévérité; Marcia, Licinia, malgré la belle défense de L. Licinius Crassus[8], furent condamnées avec un grand nombre de chevaliers[9]. Ce procès[10] paraît avoir duré plusieurs années; on y rapporte encore une *lex Memmia* du tribun de 111, C. Memmius, en vertu de laquelle M. Antoine, le futur grand orateur, fut impliqué dans ce

---

[1]) Cic., *de fin*, 5, 27, 82. *Tusc.*, 1, 35, 85. Val. Max., 7, 1, 1. Vell., 1, 11. Plin., *n. h.*, 7, 13, 59. 44, 142. Plut., *de fort. Rom.*, 4, Auron.. *ad Hor. Saty.*, 2, 1, 75. Aur. Vict., *Vir. ill.*, 61.

[2]) Cic., *Brut.*, 29. 30. *de Or.*, 2, 69, 280.

[3]) Aur. Vict., *Vir. ill.*, 72. Cf. Cic, *Brut.*, 28, 108. *de Or.*, 2, 31, 135.

[4]) Liv., *ep.* 63. Obseq., 37. Oros., 5, 15. Dio C., fr. 87 B. Plut., *Qu. Rom.*, 83. Schol. *ad Horat Sat.*, 1, 6, 30.

[5]) Ascon., p. 46. Cf. Macrob. *Sat.*, 1, 10, 5.

[6]) Ascon., p. 46.

[7]) Cic., *Tusc.*, 3, 30, 74.

[8]) Cic., *Brut.*, 43, 160. Cf. *de Dom.*, 53, 136.

[9]) Ascon., p. 46.

[10]) Cf. Cornif. *ad Her.*, 4, 16, 35. Cic., *Brut.*, 32. Sch. Bob., p. 330. Cf. Cic., *de Inv.*, 1, 43, 80. Cornif. *ad Her.*, 2, 20, 33.

procès, mais acquitté[1]. Pour ramener les femmes à la pudeur, le sénat, sur la proposition des *decemviri sacrorum*, fit élever un temple à *Vénus Verticordia*[2]

En présence de cette démoralisation croissante, ne nous étonnons pas de voir juger insuffisante la loi de C. Gracchus sur la concussion ; on remplaça la *lex Acilia* par la *lex Servilia* beaucoup plus sévère[3]. Elle doit être de 112 ou de 111, puisque la table sur laquelle était inscrite la loi Acilia qu'elle abrogea servit, en 111, pour l'inscription (au verso) de la loi agraire dont nous parlerons tout à l'heure. Elle fut présentée par C. Servilius Glaucia[4], qui fut préteur en 100 et peut bien avoir été tribun en 111. Elle resta en vigueur jusqu'à l'époque de Sylla[5]; les chevaliers[6] en tirèrent encore plus d'avantages que de la loi Acilia. La loi Servilia supprimait l'*ampliatio*[7] et réservait pour les Latins seuls les avantages que la loi Acilia étendait aux alliés[8].

En 111, une nouvelle loi agraire fit disparaître ce qui restait encore de la loi Sempronia; elle fut inscrite sur le verso de la *lex Acilia*. Elle doit être de 111, parce qu'elle fait mention des consuls de 112 et de 111[9], et doit être l'œuvre d'un tribun[10], probablement de C. Bæbius, qui fit opposition[11] en 111 au tribun démocrate C. Memmius. Elle supprima[12] les vectigalia rétablis par la loi Thoria sur les possessions ; elle abolit, si ce n'était déjà fait auparavant, tous les impôts sur les pro-

---

[1]) Val. Max., 3, 7, 9. 6, 8, 1.

[2]) Val. Max , 8, 15, 12. Obseq., 37. Plin., *n. h.*, 7, 35, 120.

[3]) Cic., *Balb.*, 24, 54.

[4]) Cic., *Brut.*, 62, 224. Ascon., p. 21.

[5]) Cic., *Rab. post.*, 4, 9. Val. Max., 8, 1, 8.

[6]) Cic., *Brut.*, 62, 224. Ascon., p. 21.

[7]) Cic., *in Verr. accusat.*, 1, 9, 26. Ps. Ascon., p. 164. *Lex acil.*, 49. J. L. A., p. 61. Quand le tribunal n'était pas suffisamment éclairé, il renvoyait l'affaire, et le déclarait en disant *non liquet, pronuntiare amplius*. La *lex Servilia* prescrivit que la cause devait passer par deux débats distincts, séparés par un renvoi, et que le jugement définitif serait rendu après ce second débat, sans autre renvoi possible. [N. D. T.]

[8]) Cic., *Balb.*, 23, 53. 24, 54.

[9]) *Lex agr.*, chap. 29. 95. I. L. A., p. 81. 85.

[10]) App., *b. c.*, 1, 27.

[11]) Sall., *Jug.*, 33. 34.

[12]) App., *b. c.*, 1, 27. *Lex agr.*, ch. 19. 20. I. L. A., p. 80.

priétés agricoles; enfin, elle assura la propriété complète [1]
de l'ager publicus aux possesseurs actuels, et à ceux qui
avaient reçu des assignations de la commission agraire
(Tresviri). Pour les pâturages, la loi confirma les immunités
existantes [2], et décida que tout ager publicus, qui n'aurait pas
été affermé par les censeurs, ou aurait été retenu pour les
besoins de l'État [3] (dans ce cas la loi Sempronia défendait
aussi de l'attribuer à un particulier) ne pourrait jamais être
utilisé autrement que pour les pâturages [4]. Elle confirma aussi
les immunités accordées aux Latins et aux étrangers par leurs
traités (fœdera), en spécifiant cependant que les mêmes
avantages seraient assurés partout aux citoyens romains [5].
Elle rétablit enfin la juridiction des consuls, des préteurs et
des censeurs pour les procès qui pourraient s'élever au sujet
de la nature d'une propriété foncière [6]; pour les procès entre
les particuliers et les fermiers des douanes [7], les juges natu-
rels seraient les consuls, les proconsuls, les préteurs et les
propréteurs. La loi renfermait encore des dispositions concernant l'ager publicus d'Afrique et le territoire de Corinthe;
pour les faire exécuter on nomma des *duoviri* [8], nous en repar-
lerons quand il sera question de l'administration provinciale.

Il ne pouvait plus être question désormais de la *lex Sempronia agraria*; celui qui entreprendrait de présenter une
nouvelle loi agraire conçue dans le même esprit, devait ren-
contrer plus de difficultés encore que les Gracques.

De toutes les lois de C. Sempronius Gracchus, il ne restait
plus que : la *lex de capite civis romani*; la *lex frumentaria*; la
lex de provincia Asia a censoribus locanda; la *lex militaris*;
la *lex judiciaria*; et la *lex de provinciis consularibus*.

La noblesse avait triomphé sur le terrain des lois agraires
après une lutte de vingt-deux ans, mais elle avait prouvé

---

[1]) *Lex agr.*, ch. 2-10 I. L. A., p. 79.
[2]) *Lex agr.*, ch. 14-15. I. L. A., p. 80.
[3]) Cf. *Lex agr*, ch. 11-13. 31. 32. I. L. A., p. 79. 81.
[4]) *Lex agr.*, ch. 24. 25. I. L. A., p. 79. 81.
[5]) *Lex agr.*, ch. 29. 30. I. L. A., p. 81.
[6]) *Lex agr.*, ch. 33-36. I. L. A., p. 81.
[7]) *Lex agr.*, ch. 36-39. I. L. A., p. 81.
[8]) *Lex agr.*, ch. 52. I. L. A., p. 82.

qu'elle était désormais incapable de gouverner; sans doute
elle montrait de brillantes dispositions dans l'étude de la lit-
térature et de l'art grecs [1], mais la corruption avait fait de
terribles ravages dans son sein; elle n'avait plus d'hommes
d'État, plus de chefs militaires, l'esprit de sacrifice en faveur
de la patrie avait disparu. Dans les événements récents comme
dans ceux qui suivront, on voit bien que la noblesse est dé-
pourvue d'hommes de valeur. Il n'y a plus de grandes guerres,
partant plus d'occasions de s'exercer au métier militaire; les
nobles passent leurs années de service *in contubernio impera-
toris* [2] et n'apprennent plus à devenir des chefs capables [3];
l'égoïsme a gagné l'ordre entier, et on ne peut plus se fier à
personne pour négocier avec l'ennemi. On voit des généraux
sacrifier, par suite d'incapacité, des milliers de soldats dans
des guerres sans importance; on voit des diplomates vendre
les intérêts de la République argent comptant.

Devant Numance, le neveu de Massinissa, Jugurtha avait
déjà remarqué, en observant la conduite des jeunes nobles,
que tout s'achetait à Rome [4]. Encouragé par ses jeunes compagnons de Numance, il forma le projet de prendre pour lui
seul la Numidie, au lieu de la partager avec les fils de son
oncle et père adoptif, Adherbal et Hiempsal [5]. Il ne tint aucun
compte des avertissements de Scipion; il savait qu'il arriverait
sûrement à son but en achetant les sénateurs et les magistrats de la République. Il assassine Hiempsal [6], bannit Adherbal, et fait acheter par ses ambassadeurs un grand nombre de
nobles à Rome [7]. M. Æmilius Scaurus s'opposa à ce que l'on
prît une résolution par trop favorable à Jugurtha [8]; mais Scaurus était aussi égoïste que les autres [9], on pouvait le corrompre; alors le sénat décida simplement qu'Adherbal serait

[1] Cic., *Arch.*, 3, 5.
[2] Sall. *Jug.*, 64, 4. Front., *Str.*, 4, 1, 11. 12.
[3] Sall., *Jug.*, 85, 10 et seq.
[4] Sall., *Jug.*, 8, 20. 28.
[5] Liv., *ep.* 62. Sall., *Jug.*, 9. 10.
[6] Sall., *Jug.*, 12.
[7] Sall., *Jug.*, 13.
[8] Sall., *Jug.*, 15. Aur. Vict., *Vir. ill.*, 72.
[9] Cic., *de Or.*, 2, 70, 283.

rétabli[1] : il aurait moitié de la Numidie, Jugurtha l'autre moitié. En 117, on envoya dix ambassadeurs pour fixer les limites des deux royaumes; Jugurtha en acheta plus de la moitié, entre autres le célèbre L. Opimius; le partage fut tout à fait favorable à Jugurtha[2]. Ensuite ce dernier attaque Adherbal[3]; le sénat lui envoya deux ambassades, la seconde avait pour chef le prince du sénat Scaurus[4]; rien n'arrêta le roi, il prit Cirta où Adherbal tomba entre ses mains; Adherbal fut mis à mort[5]. A Rome, le sénat ne put faire autrement que de déclarer la guerre, après avoir consulté le peuple[6]. Mais les sénateurs vendus à Jugurtha eurent encore assez d'influence pour faire refuser par le sénat l'alliance de Bocchus, roi de Mauritanie[7].

Le consul de 111, P. Cornelius Scipio Nasica[8], fils de Sérapion[9], déclara la guerre; L. Calpurnius Bestia, à qui la Numidie était échue, en eut la direction[10]. Bestia chassa de Rome les ambassadeurs de Jugurtha; mais en partant pour l'Afrique, il n'en était pas moins décidé à se laisser acheter. Pour cacher ses vues, il prit avec lui quelques nobles influents, M. Æmilius Scaurus entre autres, et se les attacha comme lieutenants; tout en paraissant combattre, il entama les négociations, et ne craignit pas de prendre Scaurus pour confident. Quand Jugurtha eut fourni assez d'argent pour acheter Scaurus décidé à ne vendre son honneur que pour un prix élevé, le consul fit la paix, sans y être autorisé ni par le sénat ni par le peuple[11].

On ne connut le traité à Rome qu'au moment du retour de Calpurnius, venu pour présider les comices[12]; il y eut une

---

[1]) Liv., *ep.* 62.
[2]) Sall., *Jug.*, 16.
[3]) Sall., *Jug.*, 20. 21.
[4]) Sall., *Jug.*, 21. 25. Diod., 34, 57. Liv., *ep.* 64. Cf. Flor., 3, 1.
[5]) Sall., *Jug.*, 26.
[6]) Oros., 5, 15.
[7]) Sall., *Jug.*, 80.
[8]) Val. Max., 7, 5, 2. Diod., 34, 60.
[9]) Cic., *de Off.*, 1, 30, 109.
[10]) Sall., *Jug.*, 27. Liv., *ep.* 64.
[11]) Sall., *Jug.*, 28. 29. Liv., *ep.* 64. Flor., 3,1. Eutr., 4, 26. Oros., 5, 15. Aur. Vict., *Vir. ill.*, 72.
[12]) Sall., *Jug.*, 29.

assemblée (*contio*); mais au moment où Jugurtha, interrogé, allait donner les renseignements demandés, un tribun, C. Bæbius, vendu à Jugurtha, défendit au roi de parler; C. Memmius ne disposait d'aucun moyen pour le forcer à parler, n. pour violer l'intercession de son collègue, il n'atteignit donc pas son but [1]. Au même moment les lieutenants de L. Calpurnius, achetés aussi par les agents de Jugurtha, rendaient les éléphants et les transfuges que Jugurtha avait dû livrer en vertu du traité [2]. Jugurtha poussa l'audace jusqu'à assassiner sous les yeux du sénat et du peuple, un prétendant au trône de Numidie, Massiva, petit-fils de Massinissa, à qui le consul désigné, Sp. Postumius Albinus, avait fait entrevoir l'espoir d'arriver au trône. Le meurtrier s'enfuit; on ne pouvait rien contre Jugurtha, protégé par l'engagement (*fides publica*) qu'on avait pris à son égard. Le sénat l'invita seulement à quitter Rome et l'Italie; au sortir de Rome, il prononça ces paroles qui étaient la condamnation de la noblesse maîtresse alors du pouvoir; « *O urbem venalem et cito perituram, si emptorem invenerit* [4]! »

En 110 le consul Sp. Postumius Albinus fut chargé de la guerre de Numidie. Il se laissa duper par Jugurtha qui l'amusa avec des sollicitations et des promesses de soumission [5]. Il revint à Rome pour présider les comices, et laissa l'armée à son frère Aulus. Par sa négligence, son manque d'énergie, Aulus compromit la discipline de son armée [6]; cependant le nouveau consul n'arrivait pas, la tenue des comices ayant été retardée [7] par les deux tribuns P. Licinius Lucullus et L. Annius. Aulus se hasarda, en janvier 109, à tenter une campagne contre Jugurtha; par suite de son incapacité elle aboutit à un désastre; Jugurtha s'empara du camp romain, et força Aulus à accepter un traité, en vertu

---

1) Sall., *Jug.*, 33. 34.
2) Sall., *Jug* , 32.
3) Sall., *Jug.*, 61. Diod., *Hist. Gr. fr.*, vol. II, page xxII.
4) Sall., *Jug.*, 35. Liv., *ep.* 64. Flor., 3, 1. Oros., 5, 15. App., *Num.*, 1.
5) Sall., *Jug.*, 36.
6) Val. Max., 2, 7, 2.
7) Sall., *Jug.*, 37.

duquel l'armée devait quitter la Numidie et se retirer dans la province d'Afrique[1]. Sp. Albinus fit annuler le traité par le sénat[2], et courut en Numidie ; mais les tribuns lui avaient interdit d'emmener les troupes que l'on venait de lever, et, comme il ne pouvait pas se fier sur les siennes, il resta inactif et se contenta d'attendre son successeur.

Sur ces entrefaites un des tribuns de 109, C. Mamilius Limetanus, proposa d'établir un tribunal extraordinaire (*quæstio extraordinaria*) pour juger ceux qui avaient pris part à la *conjuratio Jugurthina*[3] ; il devait examiner la conduite de ceux *quorum consilio Jugurtha senati decreta neglegisset, quique ab eo in legationibus et imperiis pecunias accepissent, qui elephantos quique perfugas tradidissent, item qui de pace aut bello cum hostibus pactiones fecissent*[4]. Dans cette circonstance la noblesse essaya de faire voter les Latins avec elle, la loi passa cependant avec une grande majorité, les citoyens comprirent que le moment était favorable pour se venger des nobles[5]. Le plus compromis était M. Æmilius Scaurus, c'est lui surtout que visait la loi ; mais il se montra très habile ; grâce à sa grande influence il se fit élire président (*quæsitor*) du tribunal, chargé avec deux autres de faire l'enquête demandée par la loi Mamilia[6]. Mis à couvert par ses fonctions de *quæsitor*, Scaurus dirigea l'enquête avec une grande sévérité. Le tribunal condamna C. Sulpicius Galba (le fils de Ser. Sulpicius Galba[7]), qui faisait partie d'un collège sacerdotal[8], et avait été envoyé en Numidie comme ambassadeur. Il condamna aussi quatre consulaires[9], deux avaient dirigé des opérations de guerre, Sp. Postumius Albinus et L. Calpurnius Bestia ; Scaurus vint défendre Calpurnius devant un des

---

1) Sall., *Jug.*, 37. 38. Liv., *ep*. 64. Flor., 3, 1. Eutrop., 4, 26. Oros., 5, 15.

2) Sall., *Jug.*, 39. Liv., *ep*. 64.

3) Cic., *Brut.*, 33, 127. *de Nat. deor.*, 3, 30, 74.

4) Sall., *Jug.*, 40.

5) Sall., *Jug.*, 40. Cf. 65.

6) Sall., *Jug.*, 40.

7) Cic., *de Or.*, 1, 57, 139.

8) Cic., *Brut.*, 33, 127.

9) Cic., *Brut.*, 34, 128.

autres présidents contre une accusation de L. Memmius [1]; le troisième était C. Porcius Caton[2] ancien partisan de Ti. Gracchus[3]; consul en 114, il avait été battu en Thrace[4], et ensuite condamné pour concussion[5]; il avait dù faire partie d'une ambassade en Numidie. Enfin le quatrième était L. Opimius, celui qui avait détruit Frégelles et vaincu le parti de C. Gracchus, et que, pour ces deux grands services, les nobles avaient pris l'habitude d'exalter à tout propos comme un homme d'honneur[6].

La guerre contre Jugurtha prit une autre tournure avec Q. Cæcilius Metellus, fils de L. Cæcilius Metellus Calvus, consul en 142, frère de Metellus Dalmaticus, et neveu du Macédonien. Il avait étudié à Athènes[7]; comme tous ses contemporains, il avait débuté dans la vie politique par une accusation, dirigée contre Valerius Messala[8]; en 113 il avait gouverné la Sicile en qualité de préteur; au retour il avait été accusé de concussion et acquitté[9]. Pendant son consulat de 109 il passa en Afrique; secondé par ses deux lieutenants, C. Marius et P. Rutilius Rufus, il rétablit la discipline[10], et remporta plusieurs succès; le sénat vota en son honneur une journée d'actions de grâces (*supplicatio*[11]).

L'autre consul était M. Junius Silanus; il s'occupa d'abord d'enlever au peuple, par la *lex Junia militaris*, le droit de désigner les chefs militaires par des plébiscites[12], il abrogea probablement aussi la loi Sempronia militaris, puis il alla en

---

[1]) Cic., *de Or.*, 2, 70, 283.
[2]) Cf. Cic., *Balb.*, 11, 28.
[3]) Cic., *Lœl.*, 11, 39.
[4]) Liv., *ep.* 63. Flor., 3, 4, 4.
[5]) Vell., 2, 8. Cic., *in Verr. accusat.*, 3, 80, 184. 4, 10, 22.
[6]) Plut., *C. Gr.*, 18. Vell., 2, 7. Schol. Bob., p. 311. Cic., *Planc.*, 28. *de Rep.*, 1, 3, 6. *Pis.*, 39, 95. *Sest.*, 67, 140.
[7]) Cic., *de Or.*, 3, 18, 68.
[8]) Gell., 15, 14.
[9]) Cic., *Balb.*, 5, 11. Val. Max., 2, 10, 1. Cic., *in Verr. accusat.*, 3, 90, 209. 211. *ad Attic.*, 1, 16, 4.
[10]) Sall., *Jug.*, 43 et seq. Val. Max., 2, 7, 2. Front., *Strat.*, 4, 1, 2.
[11]) Sall., *Jug.*, 46-55. Liv., *ep.* 55. *Flor.*, 3, 1. Eutrop., 4, 27, Oros., 5, 15.
[12]) Ascon., p. 67 et seq.

Gaule combattre les Cimbres, mais il ne fut pas heureux[1]. Les
Cimbres devenaient de plus en plus menaçants et s'appro-
chaient de Rome ; ils avaient demandé des terres au Sénat ; le
Sénat, qui n'avait pas de terres à distribuer aux citoyens
pauvres ni aux Latins, ne pouvait accueillir leur demande[2].
M. Silanus ne fut probablement pas poursuivi, mais sa défaite
augmenta les sentiments de défiance du peuple à l'égard des
nobles, et, ce fut la raison pour laquelle on enleva à Q. Cæcilius Metellus l'honneur de terminer la guerre contre Jugurtha.

Les pouvoirs de Metellus furent cependant prorogés pour
108[3], il fut encore heureux[4]. Mais on oubliait sa valeur, son
expérience pour ne penser qu'à sa fierté, à son orgueil d'aristocrate[5]. A côté de lui C. Marius[6], nature de fer[7], qui partageait tous les travaux et les privations des soldats, était
beaucoup plus populaire dans l'armée, et excitait à un bien
plus haut degré la sympathie des citoyens romains[8]. Marius,
très habile, n'avait pas honte de recourir à la ruse, à la perfi-
die[9] pour grandir sa popularité. Le proconsul avait condamné
à mort T. Turpilius Silanus, præfectus fabrum, convaincu de
trahison à propos de la perte d'un certain nombre de voitures
militaires ; Marius avait lui-même provoqué la sentence, il
l'exploita cependant pour exciter l'armée contre Metellus[10]. Il
souleva aussi contre lui les publicains, les hommes d'affaires,
et fit si bien que ces derniers se plaignirent à Rome : avec
Metellus, dirent-ils, la guerre ne sera jamais terminée ; Marius,
lui, aurait bientôt fini d'exterminer Jugurtha[11]. En réalité

<hr>

[1]) Liv., *ep.* 65. Flor., 3, 3. Vell., 2, 12. Ascon., p. 68, 80. Diod., 34,
64. Eutr. seul, 4, 27, parle d'une victoire.
[2]) Liv., *ep.* 65. *Flor.*, 3, 3.
[3]) Sall., *Jug.*, 62.
[4]) Sall., *Jug.*, 65 et seq. Obseq., 40.
[5]) Sall., *Jug.*, 43. 64. App., *Num.*, 2.
[6]) Sall., *Jug.*, 46.55. 56. 58. Plut., *Mar.*, 7.
[7]) Cic., *Tusc.*, 2, 15, 35. 22, 53. Pline, *n. h.*, 11, 45, 252. Plut., *Mar.*,
7. *apophth. Mar.*, 2.
[8]) Plut., *Mar.*, 7. Diod., 34, 65.
[9]) Dio C., fr., 89, 2 B. Cic., *de Nat. deor.*, 3, 32, 80.
[10]) Sall., *Jug.*, 69. App., *Num.*, 3. Plut., *Mar.*, 8.
[11]) Sall., *Jug.*, 64. Vell., 2, 11. Aur. Vict., *Vir. ill.*, 67.

Marius était le seul candidat que le peuple et les chevaliers pouvaient opposer aux candidats des nobles.

Né à Arpinum, C. Marius appartenait à une famille qui faisait partie de la clientèle des Herennius [1]: il avait peu d'instruction [2], ses qualités militaires seules l'avaient fait remarquer, le peuple l'avait nommé tribun des militaires [3]. Sous Numance, Scipion l'avait aussi distingué pour son endurance qui rappelait celle des anciens Romains, il avait même prédit qu'il serait le sauveur de Rome [4]. Marius avait été questeur [5]; grâce à la protection de Q. Cæcilius Metellus il était devenu tribun, et tribun démocrate, en 119; mais il avait échoué quand il avait brigué l'édilité curule et l'édilité plébéienne [6] en 115 il avait réussi à se faire nommer préteur [7], mais avait. été élu le dernier [8]. A la suite de cette élection il fut accusé de brigue (*ambitus*), et ne put qu'à grande peine obtenir un acquittement [9]. Il alla dans l'Espagne ultérieure comme propréteur; il la purgea des bandes de brigands [10], et ménagea beaucoup les provinciaux [11]. Cette carrière brillamment remplie l'avait mis en évidence; il avait pu épouser une femme patricienne de la gens Julia [12]. Cependant, vu l'esprit d'exclusivisme qui dominait la noblesse, il ne pouvait pas espérer arriver au consulat sans circonstances extraordinaires : il était un homme nouveau [13]. Il fallut, pour rendre possible son succès, les condamnations prononcées en vertu de la loi Mamilia, l'incapacité évidente des nobles dans la direction des deux guerres contre Jugurtha et contre les Cimbres. Q. Metellus

---

[1] Plut., *Mar.*, 5.
[2] Sall., *Jug.*, 63. 85, 32. Val. Max., 2, 2, 3. Cic., *Font.*, 15, 33. Sch. Bob., p. 355.
[3] Sall., *Jug.*, 63.
[4] Plut., *Mar.*, 3. 13. Val. Max., 8, 15, 7.
[5] Val. Max., 6, 9, 14.
[6] Plut., *Mar.*, 5. apophth. *Mar.*, 1. Cic., *Planc.*, 21, 51.
[7] Cic., *de Off.*, 3, 20, 79.
[8] Val. Max , 6, 9, 14.
[9] Val. Max., 6, 9, 14. Plut., *Mar.*, 5.
[10] Plut., *Mar.*, 6.
[11] Cic., *in Verr. accusat.*, 3, 90, 209.
[12] Plut., *Mar.*, 6.
[13] Sall., *Jug.*, 63. Cic., *in Verr. accusat.*, 5, 70, 181.

refusa longtemps à C. Marius l'autorisation de se rendre à
Rome pour les comices[1]; Marius l'obtint cependant, partit en
toute hâte, et grâce à sa qualité d'homme nouveau, grâce
surtout à son opposition contre les nobles, aux perfides insi-
nuations dirigées contre Q. Metellus[2], il fut élu consul pour
l'année 107.

Le sénat avait déjà disposé des provinces consulaires, et
décidé que Q. Metellus serait prorogé dans son commandement en Numidie; cependant le tribun C. Manlius Mancinus
porta, avant la fin de 108, la question devant le peuple, et l'invita à désigner le magistrat qui serait chargé de la guerre de
Numidie. Le peuple désigna naturellement Marius[3]. Devant
le peuple, Marius se glorifia d'avoir été préféré à un noble[4],
et prononça une longue harangue[5]. Il dut faire les levées
pour son armée; le sénat s'était empressé d'accorder l'autorisation[6], espérant que Marius perdrait de sa popularité;
mais le consul profita de la circonstance pour faire un pas en
avant dans la voie des réformes démocratiques et opéra dans
l'armée une véritable révolution : il enrôla les citoyens de la
dernière classe compris dans la catégorie des *Capite censi;*
ils avaient été exemptés jusque-là de tout service militaire en
raison de leur pauvreté[7]. Marius savait bien que plus un
soldat est pauvre, plus il s'attache à la personne de son chef,
plus il est docile à servir son ambition. Il essaya en même
temps de retenir auprès de lui les vétérans[8]; les armées com-
mencèrent dès lors à se peupler de soldats de profession, qui
ne furent plus des citoyens.

Q. Metellus fut profondément blessé dans son orgueil[9]; lui,
aristocrate, devait céder le commandement à un fils de paysan !
Il quitta aussitôt l'armée, et chargea son lieutenant P. Ruti-

---

[1] Sall., *Jug.*, 73. Plut., *Mar.*, 8. Dio C., fr. 89, 3 B.
[2] Cic., *de Off.*, 3, 20, 79.
[3] Sall., *Jug.*, 73. Vell., 2, 11. Plut., *Mar.*, 8. 9. Cf. I. L. A., p. 290.
[4] Sall., *Jug.*, 84. Plut., *Mar.*, 9.
[5] Sall., *Jug.*, 85.
[6] Sall., *Jug.*, 84.
[7] Sall., *Jug.*, 86. Plut., *Mar.*, 9. Flor., 3, 1, 13. Val. Max., 2, 3, 1.
[8] Sall., *Jug.*, 84.
[9] Sall., *Jug.*, 82.

lius Rufus de remettre le commandement à Marius[1]. A Rome il reçut quelque satisfaction, le sénat et le peuple furent d'accord pour le bien recevoir[2]. Quand il se fut justifié des attaques dirigées contre lui par le tribun C. Manlius[3], on lui décerna le triomphe[4]. Il prononça le discours d'usage[5], puis se renferma dans ses fonctions sénatoriales; il avait pris le surnom de Numidicus, il devint avec M. Æmilius Scaurus, un des chefs les plus autorisés du parti aristocratique.

Dans l'intervalle, en 109, M. Æmilius avait été nommé censeur avec M. Livius Drusus, l'ancien adversaire de C. Gracchus; Drusus avait été consul en 112, il mourut pendant qu'il était censeur. M. Scaurus ne voulut d'abord pas se soumettre à la loi en vertu de laquelle le censeur survivant était obligé de donner sa démission[6]; les tribuns menacèrent de le jeter en prison[7], alors il se retira. On lui accorda cependant l'autorisation de terminer les travaux qu'il avait commencés : la voie *Æmilia* fut continuée de Pise et de Luna jusqu'à Sabata et Dertona; le pont *Mulvius* près de Rome était aussi son œuvre[8]. Livius Drusus et M. Scaurus furent très probablement remplacés par Q. Fabius Maximus Allobrogicus[9] (pendant son consulat de 121 il avait battu les Allobroges en Gaule), et par C. Licinius Geta[10] qui avait été chassé du sénat (voir plus haut). On ne sait rien de leur administration, si ce n'est que Q. Fabius construisit sur le forum l'arc de triomphe qui portait son nom, *fornix fabianus*. Lic. Crassus en parle dans un discours dirigé contre C. Memmius (proba-

[1]) Sall., *Jug.*, 86. Plut., *Mar.*, 10.
[2]) Sall., *Jug.*, 88.
[3]) Gell., 6, 11. Prisc., 8, p. 382 H.
[4]) Eutr., 4, 27. Aur. Vict., *Vir. ill.*, 62.
[5]) Gell., 12, 9.
[6]) Au moment où Rome fut prise par les Gaulois, un *censor suffectus* remplaçait un censeur décédé; à partir de ce moment la mort d'un des deux censeurs fut considérée comme un présage funeste, le censeur survivant devait se retirer. [N. D. T.]
[7]) Plut., *Qu. Rom.*, 50.
[8]) Aur. Vict., *Vir. ill.*, 72. Strab., 5, 1, 11. Amm. Marc., 27, 3, 9.
[9]) Cf. Henzen, I. L. A., p. 447, d'après Boor. *Fast. cens,*. p. 88, ce serait Q. Fabius Eburnus.
[10]) Cic., *Cluent.*. 42, 119. Val. Max., 2, 9, 9. Cf. Front., *aq.*, 96.

blement en 106)[1]. Ce sont eux, peut-être, qui ont chassé du
sénat Cassius Sabacon en haine de C. Marius : Sabacon avait
déposé en faveur de Marius dans un procès de brigue[2]. En
108, pendant leur censure, L. Hortensius fut élu consul, mais
son élection fut annulée, il y avait eu brigue ; à sa place on
nomma M. Aurélius Scaurus[3], qui, après son année, fut envoyé
comme proconsul contre les Cimbres et les Teutons ; il resta
ensuite à l'armée comme lieutenant de son successeur.

Les Cimbres et les Teutons luttaient toujours contre Rome ;
plus la lutte se prolongeait, plus les nobles faisaient preuve
d'incapacité, plus ils se laissaient corrompre, c'était pis encore
que dans la guerre de Numidie. En 107, le collègue de C.
Marius, L. Cassius Longinus, celui qui avait amené Jugurtha à Rome en 111, fut battu sur le territoire des Allobroges[4]
par les Celtes Tigurins qui avaient dû émigrer[5]. Le consul fut
tué avec son lieutenant[6] L. Calpurnius Piso Cæsoninus (il
avait été consul en 112, et gouverneur de l'Espagne[7]). Pour se
racheter lui et son armée, un autre lieutenant, C. Popillius
Lænas, fut obligé de donner des otages et de livrer la moitié
des objets de valeur qui se trouvaient dans le camp[8]. A Rome
il fut poursuivi ; afin de pouvoir l'atteindre le tribun C. Cælius
Caldus, poussé par sa haine personnelle contre Popillius
plutôt que par des raisons politiques, fit adopter la loi *Cœlia
sabellaria* ; en vertu de cette loi le vote écrit devait être
employé pour tous les procès de haute trahison (*perduellio*),
même dans les cas exceptés par la loi *Cassia sabellaria*, devant
les comices centuriates[9]. Le tribun accusa alors Popillius de

---

[1]) Cic., *de Or.*, 2, 66, 267 ; cf. Cic., *in Verr. act.*, 1, 7, 19. Ps. Ascon.,
p. 133. Schol. Gron., p. 393. 399.

[2]) Plut., *Mar.*, 5.

[3]) I. L. A., p. 438. Cf. p. 447.

[4]) Liv., *ep.*, 65. *Cæs. B. G.*, 1, 7. Tac., *Germ.*, 37.

[5]) Flor., 3, 3.

[6]) Cæs., *B. G.*, 1, 12. Oros., 5, 15. App., *Celt.*, 1.

[7]) App., *Iber.*, 99.

[8]) Liv., *ep.* 65. Oros., 5, 15. Cornif., *ad Her.*, 1, 15, 25. 4, 24, 34.

[9]) Cic., *de Leg.*, 3, 16, 36. On cite ce procès comme exemple de la grande
extension qu'avaient prise les prérogatives judiciaires des centuries ; elles
ne se contentaient plus des procès que leur avaient réservés les *leges Porciæ*
et la *lex Sempronia*.

haute trahison. Popillius s'exila avant que le jugement fût rendu [1].

On ne peut pas affirmer que M. Æmilius Scaurus remplaça L. Cassius Longinus, ayant été élu auparavant *consul suffectus*; l'hypothèse ne repose que sur un fait : M. Scaurus n'aurait pas été poursuivi pour brigue par P. Rutilius Rufus en 116, mais en 107 au moment de son élection consulaire ; or, c'est peu vraisemblable ; d'ailleurs M. Scaurus n'est désigné nulle part comme ayant été deux fois consul. On aurait certainement constaté le fait, comme on l'avait fait pour Scipion Émilien, comme on le fit plus tard pour C. Marius, si la loi qui s'y opposait avait été suspendue pour M. Scaurus. On élut pour 106 un violent aristocrate, le fils du consul de 140, Q. Servilius Cæpio ; il avait été préteur en Espagne, avait vaincu les Lusitaniens [2] et obtenu le triomphe, mais il est faux, comme le rapporte un témoignage, qu'il fût grand pontife [3]. Il proposa la *lex Servilia judiciaria* qui favorisait le sénat [4] au détriment des chevaliers [5] : on devait replacer les sénateurs à côté des chevaliers sur l'album des juges. Il est difficile d'admettre que Q. Cæpio ait songé à remplacer complètement les chevaliers par les sénateurs [6] ; l'ordre des chevaliers avait pris, depuis seize ans, une très forte position en vertu de la loi Sempronia judiciaria, le sénat ne pouvait guère espérer plus pour le moment que de voir reprendre le premier projet de C. Gracchus (voir plus haut); c'était bien suffisant pour assurer à Q. Cæpio la gloire d'être surnommé le défenseur du sénat (*patronus senatus*) [7]. Un tribun de l'année précédente, L. Licinius Crassus défendit la loi ; malgré des antécédents démocratiques, L. Crassus n'avait pas encore pris publiquement parti ni pour le peuple ni pour le sénat [8] ; cette fois il

---

[1]) Oros., 5, 15.
[2]) Eutrop., 4, 27.
[3]) Val. Max., 6, 9, 13.
[4]) Cic., *Brut.*, 44, 164.
[5]) Cic., *de Inv.*, 1, 49, 92.
[6]) Obseq.; 41. Cassiod., a. 648.
[7]) Val. Max., 6, 9, 13.
[8]) Cic., *Brut.* 43, 10 et seq. Cf. *Planc.*, 14, 33.

prit la défense des aristocrates et prononça un éloquent discours[1] dans une assemblée préparatoire présidée par le tribun Q. Mucius Scevola[2], ou dans les comices réunis pour voter. Malgré l'éloquence de Crassus[3], la loi ne passa pas ; elle fut victorieusement combattue par C. Memmius[4], et d'autres chefs populaires. Il est vrai que les abréviateurs (Obsequens et Cassiodore) ont déclaré plus tard le contraire, mais leur affirmation ne repose sur aucun fait positif, les chevaliers conservèrent leurs places de juges pendant quarante ans sans interruption jusqu'à la dictature de Sylla[5].

Q. Cæpion fut envoyé en Gaule comme proconsul en 105; il dut, de concert avec le consul Cn. Mallius Maximus, éloigner de l'Italie les Cimbres, les Teutons et les Ambrons. Il s'occupa surtout de piller la riche ville de Toulouse, ville gauloise qui avait déchiré son traité d'alliance avec Rome ; il enleva les trésors d'un temple d'Apollon, puis il fit emmener le butin qu'il avait déclaré envoyer à Marseille[6]. Ce triste personnage fut encore, par suite de ses rivalités et de sa jalousie pour le consul[7], la cause de la défaite du consulaire M. Aurelius Scaurus, lieutenant de Mallius[8]. Scaurus fut fait prisonnier.

Une autre défaite plus désastreuse, subie encore par Q. Cæpion, fut celle d'Orange : l'armée commandée par le consul et le proconsul fut presque complètement anéantie[9] (6 oct.[10]), Q. Cæpion fut destitué de son commandement[11].

<hr>

[1]) Cic , *Cluent* , 51, 140. *Brut.*, 44, 164. 86, 296. *de Or.*, 2, 55, 233. Prisc., 8, 14, p. 428 H. Quint., 6, 3, 44. Cf. Cic., *de Or.*, 1, 52, 225. *Parad.*, 5, 3, 41. *Or.*, 65, 219.

[2]) Cic., *Brut.*, 43, 161.

[3]) Cic., *Brut.*, 36 seq., 43 et seq. 86, 296. Vell., 2, 9. Tac., *Dial.*, 18. Sen., *ep.* 114, 13. Quint., 12, 10, 10. 12, 11, 27. Macr., *Sat.*, 5, 1, 16.

[4]) Cf. Cic., *de Or.*, 2, 59, 240. 66, 264. 207.

[5]) Cic., *in Verr. act.*, 1, 13, 38. Ps. Ascon., p. 103. 145.

[6]) Oros., 5, 15. Dio C., fr. 90 B. Gell., 3, 9, 7. Justin, 32, 3, 11. Strab., 4, 1, 13. Aurel. Vict., *Vir. ill.*, 73.

[7]) Oros., 5, 16. Dio C., fr. 91 B.

[8]) Oros., 5, 16. Liv., *ep.* 67. Vell., 2, 12. Dio C., fr. 91 B. Tac., *Germ.*, 37.

[9]) Liv., *ep.* 67. Oros., 5, 16. Sall., *Jug.*, 114. Eutr., 5, 1. Dio C., fr. 91 B. Flor., 3, 3, 4. Plut., *Sert.*, 4. Gran. *Lic.*, p. 17, édit. Bonn.

[10]) Plut., *Luc.*, 27. *apophth. Luc.*, 1.

[11]) Ascon., p. 78. Liv., *ep.* 67. Cf. Cornific., *ad Her.*, 1, 14, 24.

Les nobles osèrent à peine présenter des candidats[1]; alors C. Marius, malgré la loi qui défendait la réélection, loi qui avait déjà été suspendue une fois en faveur de Scipion Emilien, Marius fut nommé consul pour la seconde fois. Il était probablement absent, on le nomma quand même, et le peuple lui donna la province de Gaule[2]. Pendant son premier consulat il avait réparé en Numidie les échecs de ses prédécesseurs nobles, et avait été constamment vainqueur[3]. Très aimé des soldats qu'il favorisait de toutes manières[4], il avait été maintenu à la tête de l'armée pendant les deux années suivantes[5]. Il avait forcé Jugurtha à sortir de son royaume, et avait obtenu d'excellents résultats de négociations engagées avec Bocchus, roi de Mauritanie[6]; grâce à l'habileté et au courage de son questeur, L. Cornelius Sylla[7], Bocchus avait consenti à livrer Jugurtha[8]. Enfin sur l'ordre du sénat, il avait réglé le partage de la Numidie; une partie était donnée à Bocchus, le reste était rendu aux descendants de Massinissa, en particulier à Ganda[9]. A Rome les citoyens n'avaient plus confiance qu'en Marius[10]; on comprend pourquoi on lui donna le consulat : il était pourtant dans une situation différente de celle où se trouvait Scipion Emilien quand il obtint son second consulat : Marius avait exercé le commandement depuis trois ans sans interruption.

Le jour même où il prit possession de son consulat, le 1 janvier 104, Marius triompha de Jugurtha et des Numides[11]. Ce jour-là il commit une grave imprudence, il osa paraître au sénat revêtu du costume de triomphateur[12]. Heureusement pour

[1] Plut., *Mar.*, 11.
[2] Sall., *Jug.*, 114. Plut., *Mar.*, 12. Liv., *ep.* 67. I. L. A., p. 290.
[3] Sall., *Jug.*, 87-100. Flor., 3, 1, 13. Eutr. 4, 27. Oros., 5, 15.
[4] Sall., *Jug.*, 92.
[5] Sall., *Jug.*, 100-113.
[6] Sall., *Jug.*, 102. Dio C., fr. 89, 5. 6 B. Diod., 34. 66. App., *Num.*, 4.
[7] Sall., *Jug.*, 95. 100. Plut. *Sull*, 1. *Mar.*, 10. Val. Max., 6, 9, 6.
[8] Plut., *Mar.*, 10. *Sull.*, 3. Sall., *Jug.*, 103-113. Val. Max., 8, 14, 4. Liv., *ep.* 66. Flor., 3, 1, 17. Eutr., 4, 27. Oros., 5, 15. Vell., 2, 12. App., *Num.*, 5.
[9] Sall., *Jug.*, 65. Dio C., fr. 89, 4 B.
[10] Sall., *Jug.*, 114. Cic., *de leg Man.*, 20, 60.
[11] Sall., *Jug.*, 114. Plut., *Mar.*, 12. Vell., 2, 12. Eutr., 4, 27. Aur. Vict., *Vir. ill.*, 67. Plin., *n. h.*, 33, 1, 12. Dio C., 48, 4.
[12] Liv., *ep.* 67. Plut., *Mar.*, 12. Dio C., 48, 4. I. L. A., p. 290.

lui les Cimbres et les Teutons allèrent en Espagne, il eut le temps d'organiser une armée[1]. Pendant que Marius préparait ses forces, le peuple offrait de la petite monnaie à Cérès et à Proserpine. Vingt-sept jeunes filles portaient des offrandes aux dieux, en chantant des hymnes[2].

Le collègue de Marius, C. Flavius Fimbria, était aussi un homme nouveau[3]; il avait été accusé de concussion en sortant de la préture[4]; comme consul il dut rester à Rome. Une lutte ardente s'engagea, sous leur consulat, contre les nobles; elle fut inspirée par des haines personnelles, plutôt que par le désir réfléchi d'opérer des réformes.

Le fils du consul de 107, L. Cassius Longinus, alors tribun, présenta une série de lois qui avaient pour but d'affaiblir le pouvoir des nobles, celle-ci entre autres : *ut, quem populus damnasset, cuive imperium abrogasset, in senatu non esset*[5]. Elle visait surtout Q. Cæpion, mais elle ne suffit pas à satisfaire la haine du peuple[6]. Alors le tribun C. Norbanus demanda l'institution d'un tribunal extraordinaire[7] pour rechercher ce qu'était devenu l'or de Toulouse. Il fit passer la proposition, après avoir forcé au silence deux tribuns qui voulaient opposer leur intercession (les tribuns L. Aurélius Cotta et T. Didius). La chose ne se fit pas sans tumulte, et, au milieu de la mêlée, le prince du sénat, M. Æmilius Scaurus, fut atteint par une pierre[8]. Le tribunal fut établi; il condamna Q. Cæpion à la peine de l'emprisonnement, bien que L. Crassus, à ce que l'on croit, eût plaidé pour lui[9]; Q. Cæpion ne mourut pas en prison[10],

---

[1]) Plut., *Mar.*, 14.

[2]) Obseq.. 43 = 103.

[3]) Cic., *Planc.*, 5, 12.

[4]) Val. Max., 8, 5, 2. Cic. *Font.*, 7, 14. *Brut.*, 45, 168. 34, 129. *de Or.*, 2, 22, 91.

[5]) Ascon., p. 78.

[6]) Cic., *Brut.*, 35, 135.

[7]) Cic., *de Nat. deor.*, 3, 30, 74.

[8]) Cic., *de Or.*, 2, 47, 197. 2, 28, 124. *part. Orat*, 30, 105. Oros., 5, 15. Dio C., fr. 90 B.

[9]) Cic., *Brut.*, 44, 162; dans ce passage les mots *inconsulatu* sont interpolés, à la place de *defensione junctâ*, qui n'a pas de sens, il faut probablement mettre *defensiunculâ*.

[10]) Val. Max., 6, 9, 13, parle probablement d'un autre Q. Cæpion; Cf. Cic., *Tusc.*, 5, 5, 14.

il fut tiré de là par un de ses amis, le tribun L. Rheginus, et put s'exiler[1]. Alors un autre tribun fit encore une nouvelle proposition concernant Q. Cæpion; les biens de ce dernier furent confisqués[2]. L'année suivante, autre procès intenté à Cn. Mallius par L. Apulejus Saturninus[3]. En 104 le tribun Cn. Domitius Ahenobarbus, fils du consul de 122, poussé par des motifs personnels[4], et non politiques, porta une accusation contre M. Junius Silanus au sujet de la défaite que ce dernier avait éprouvée cinq ans auparavant. L'assemblée du peuple l'acquitta[5].

Cn. Domitius Ahenobarbus souleva une question plus importante; il reprocha à M. Æmilius Scaurus d'avoir, en qualité d'augure et de pontife (pas de grand pontife) négligé certaines cérémonies religieuses (*sacra*); Cn. Ahenobarbus n'obéissait qu'à des sentiments de rancune personnelle, il n'avait pu pardonner à M. Scaurus de ne l'avoir pas fait entrer dans le collège des augures; mais M. Scaurus fut acquitté par le peuple[6]. Sur ces entrefaites le père de Cn. Ahenobarbus, qui était pontife, vint à mourir; les pontifes refusèrent de recevoir Cn. dans leur collège[7]. Aigri de plus en plus, il reprit les dispositions d'une loi *Licinia de sacerdotiis* qui avait échoué en 145; il donna à sa proposition le titre de *lex domitia de sacerdotiis*[8]. Par cette loi le peuple était appelé à donner son avis sur le choix des personnages qui devaient entrer dans les grands collèges sacerdotaux; l'année suivante, pour témoigner sa reconnaissance à Cn. Domitius Ahenobarbus, le peuple le nomma grand pontife à la place de L. Cecilius Metellus Dalmaticus[9].

[1] Val. Max., 4, 7, 3. Cf. Cic., *Balb.*, 11, 28.

[2] Liv., *ep.* 67, présente la confiscation des biens comme ayant été la conséquence de la dégradation de Q. Cæpion.

[3] Cic., *de Or.*, 2, 28, 125. Gran. Licin. p. 21 éd. de Bonn.

[4] Cic., *Divin.*, 20, 67. *in Verr. accusat.*, 2, 47, 118. Corn., fr. 2, 6.

[5] Ascon., p. 80.

[6] Ascon., p. 21. Cic., *Dej.*, 11, 31. Schol. Gron., p. 423. Val. Max., 6, 5, 5. Dio C., fr. 92 B.

[7] Suet., *Ner.*, 2.

[8] Cic., *de Leg agr.*, 2, 7. *ad Brut.*, 1, 5, 3. Corn., fr. 2, 5. Ascon , p. 80. Suet., *Ner.*, 2; Vell. 2, 12, la porte à l'année suivante.

[9] Liv., *ep.* 67. Val. Max., 6, 5, 5.

www.ingramcontent.com/pod-product-compliance
Ingram Content Group UK Ltd.
Pitfield, Milton Keynes, MK11 3LW, UK
UKHW020947140726
13695UKWH00003B/1263